Marina Montresor und Stephan Lando (Hrsg.)

Quart Verlag

DEFINING CRITERIA

EINE EINFÜHRUNG IN RÜCKBLENDEN

Wahre Architektur ist immer objektiv – der Ausdruck der inneren Struktur des Zeitalters, aus dem sie hervorgegangen ist.

Mies van der Rohe

Wir können nicht blind sein gegenüber der gewaltigen Bedeutung, die technische und digitale Entwicklungen in unserem täglichen Leben gewinnen, da sie zum eigentlichen Motor dieses Zeitalters geworden sind und eine Umwälzung unserer traditionellen Vorstellungen in allen Bereichen und Prozessen bewirkt haben.

In einer Epoche, in der die Umstände unserer Zeit so wenig definiert und ihre Konturen so verschwommen sind, ist es schwer, eine klare Richtung für die Zukunft zu erkennen. Die Welt wird durch mannigfache Bedingungen ständig erneuert: die digitale Welt der Smartphones, die Bedeutung der Computer und des Internets und die zunehmende Geschwindigkeit des Wandels in allen Lebenslagen. Alles, was in wirtschaftlichen, sozialen, kulturellen und politischen Strukturen, in denen unser Leben verankert ist, als bedeutsam betrachtet wird, gilt plötzlich als überholt und wird durch neue Systeme ersetzt, die in allen Bereichen einen Zustand der Unsicherheit erzeugen.

Zugleich existiert das, was einst als menschlicher Massstab galt, nicht mehr, da die Massstäbe sich in unendlich kleine und unendlich grosse Dimensionen erweitern, wo winzige unsichtbare Informationspartikel im Handumdrehen riesige Distanzen zurücklegen können, wenn sie über den Planeten reisen.

Wir spüren jedoch, dass die Kunst der Architektur zum grössten Teil überholt ist und mit übertriebener Langsamkeit auf diese Veränderungen reagiert. Wir sind der festen Meinung, dass wir dazu angeregt werden sollten, die Situation der Architektur selbst und das Wesen des physischen Raums im digitalen Zeitalter zu überdenken.

Wir spüren das Verlangen, diese neuen Aspekte unserer heutigen Welt zu hinterfragen, und wir vertrauen auf die Fähigkeit der Architekten, durch neue Arbeitsmittel und Denkweisen in diesen neuen Welten zu agieren und sich auszudrücken und das in Architektur zu verwandeln, was zuvor nicht als solche betrachtet wurde.

Das Konzept zu diesem Buch entstand in dem kleinen, jedoch höchst dynamischen Umfeld der Architekturakademie Mendrisio (Università della Svizzera italiana) als eine Sammlung von Interviews, welche die Fachschaft in den letzten Jahren geführt hatte. Doch die Ausrichtung veränderte sich bald, als wir neue, für uns interessante Persönlichkeiten für Gespräche kontaktierten. Wir beschlossen, diese Interviews ebenfalls in die Publikation aufzunehmen, ohne anfänglich die wirklichen treibenden Gründe für solch eine Auswahl zu erfassen.
Wir Architekturstudenten, die wir am Anfang unseres Arbeitslebens stehen, fragen uns, welchen Probleme und Aspekten wir uns gegenübersehen werden, welche Gebiete wir erkunden können und wie wir unsere individuelle Meinung in Praxis und Forschung finden. Wir realisieren nun bei Fertigstellung dieser Publikation, dass aus der zuvor genannten Neugier und den besagten Zweifeln die Notwendigkeit geboren wurde, uns selbst mit der Architektengeneration vor uns auseinanderzusetzen, die bereits begonnen hat, sich mit diesen weltverändernden Kräften zu beschäftigen. Diese Publikation ist ein Versuch, die Position dieser jungen Persönlichkeiten, die aus verschiedenen Ländern kommen und in verschiedenen Bereichen der Architektur arbeiten, zu untersuchen und zu verstehen. Unter ihnen sind einige, die wir in der aktuellen Szene hochschätzen, und wir glauben, dass sie die gängigen Grenzen des Gebiets überschreiten, indem sie sich selbst erkunden und neu definieren.
Künstler und Architekten werden zusammengebracht, weil wir das Gefühl haben, dass das Herstellen von Verbindungen zwischen Gebieten, die scheinbar in keinem Zusammenhang stehen, eine wertvolle Methode zur Bereicherung der Diskussion ist. In vielen Fällen ist der Unterschied zwischen Kunst und Architektur nicht klar, und viele Personen, die wir interviewt haben, pendeln zwischen den beiden Bereichen. Wir glauben an die Macht des Austauschs innerhalb der Künste.

Dieses Buch beschäftigt sich mit dem aktuellen Jahrzehnt. Es ist keine Suche nach absoluten, sondern vielmehr nach relevanten Fragestellungen, die für unsere Zeit charakteristisch sind. Das Verstehen dieser Fragen ist notwendig, um der Zukunft ins Auge zu sehen.

WÖRTER UND BILDER

Wir baten alle Architekten und Künstler, uns ein Bild ihrer Wahl und einen Text zu überlassen, der ihr persönliches Berufsverständnis schildert. Während das Bild eher der Ausdruck eines bewussten oder unbewussten Strebens, eines unbeschreiblichen "geistigen Instinkts" ist, ist der Text eine rationale Auffassung und Darlegung der Intention. Zusammen bilden diese beiden Elemente ein elementares Selbstporträt, das als eine Art Einführung oder Titel des Interviews verstanden wird. Das ist der Teil, der alle Interviews verbindet. Der folgende Text des Interviews ist das Ergebnis eines persönlichen Gesprächs über ein Thema, für das sich jede Person eigens entschieden hat. Es ist eine kritische Untersuchung ihres Arbeitsbereiches, ihrer Visionen und ihrer Hoffnungen. Am Ende steht der ikonografische Teil, der die Ideen zum Ausdruck bringt, welche die Gedanken und Vorstellungen eines jeden Individuums prägen.

ENTWICKLUNG SINN SOZIOLOGI

EWEGUNG FETISCHISMUS PHÄNOME

RT KRISE WUNSCH SYNTAX ORIGI

E SYMBOL VERBINDUNG CHAOS LA

TAND WAHRNEHMUNG WEB BILD R

RT RITUALITÄT MEGALOPOLIS PRIV

ICHTE PROZESS PROGRAMM AUFTR

RÄGHEIT GESTE THEMA LABYRINTH

UNG MASCHINE ZEITGENÖSSISCH

HE ERZÄHLUNG UMWELT VORSCHR

CHEITERN ÖKOLOGIE MATERIALITÄT

K SUBLIMIEREN WETTBEWERBE AL

OKRATIE OFFENHEIT GEWOHNHEITE

ESCHICHTE AUTORSCHAFT NEUHEIT

VIRTUALITÄT FORSCHUNG MODER

EBEN VERHANDLUNG INFLATION B

OGIE REALITÄT KONFLIKT STADTP

REVOLUTION MEHRDEUTIGKEIT SA

SCHAFT NATUR KÜNSTLICHKEIT WI

VERHALTENSWEISEN RELIGION M

PHÄRE GRENZEN TRADITION MASS

AUFFÜHRUNG DATEN FUNKTION K

KTION FASSADE FUNDAMENT BEGR

R ENTFERNUNG KLASSIZISMUS SPR

N DEMOKRATIE GEHORSAM EINREI

NOVATION TECHNOLOGIE STRUKTUR

MEINHEIT FREIHEIT REPRÄSENTATIO

ABSTRAKTION REPERTOIRE KAPITAL

ATUR KONTEXT IMPROVISATION TR

PROPORTIONEN LEBENSSTIL GRÖSS

ARCHITEKTEN • GENF

FIL

VIDEOKÜNSTLER • MAILAND

ARCHITEKT

ARCHITEKT • TOKIO

ARCHITEKTEN • BRÜSSEL

ARCHITEKT • TOKIO

MACHER • PARIS

ARCHITEKTEN • BRÜSSEL

MUHARRAQ

TOTOGRAF • ROTTERDAM

BILDENDER KÜNSTLER • ZÜRICH

OFF
KG

ICE

OVS

Alles von meiner Kunst ist wohldurchdacht: Sie hat eine Vorstellung vom Zweck und ist nicht Mittel zum Zweck. Das Mittel zum Zweck war immer zweitrangig in meiner Kunst. Es ist das Endprodukt, das ich verfolge.

Ed Ruscha

Genau wie Ed Ruscha seine Arbeit als wohldurchdacht beschreibt, betrachten wir unsere Architektur völlig bewusst, mit einem Interesse am Endprodukt und nicht am Mittel zum Zweck. Architektur sollte sich wie jede andere Form kulturellen Schaffens mit der Welt beschäftigen, und das ist nur möglich, wenn das Projekt als Ganzes, als Einheit verstanden wird.
Unser Büro hat immer bewusst und akribisch präzise Architektur geschaffen. Wir waren und sind überzeugt von unseren Zielen, selbst wenn wir diese noch nicht definieren können.

Dieses Gespräch mit Kersten Geers fand am 5. März 2016 im Office KGDVS und am 16. September 2016 in der Bar Basso in Mailand statt.

Gibt es irgendwelche wiederkehrenden Themen oder Intentionen, die hinter Ihren Projekten stehen?

Zwei von uns leiten das Büro, was das Herzstück bildet, und darüber bin ich sehr froh. Das bedeutet, ich kann selbstständig einigen Lehrverpflichtungen nachkommen, und wenngleich das einen riesigen Einfluss auf die Produktion des Büros nimmt, verhält es sich niemals 1:1 zu dem, was das Büro macht, es bleibt eines von vielen Elementen innerhalb des Büros und umgekehrt. Das ist wichtig für mich, vor allem da wir Architektur als kulturelle Produktion betrachten, also wenn wir sie ausserhalb der pragmatischen Anforderung, eine Zuflucht oder ein bestimmtes Mass an Quadratmetern zum Verkaufen, Kaufen oder Überleben zu schaffen, als relevant betrachten. Wenn ein Büro von zwei Personen geleitet wird, ist eine buchstäbliche Übertragung der Intention nicht möglich. Und das bedeutet nicht, dass es sich um das Ergebnis von Kompromissen handelt. Das Einzige, was man hegen kann, ist ein Gefühl von Ambiguität, und ich glaube, dass für unser Architekturverständnis dieser Begriff der Ambiguität entscheidend ist: Die wichtigste Forderung für mich ist die doppeldeutige Strenge von Architektur oder des kulturellen Schaffens allgemein. Man betritt ein Reich, ein Universum, eine Kulisse von Ideen, eine Kulisse von Objekten, eine Kulisse von Projekten, die in sich selbst konsequent, vielleicht auch kohärent sind, die man jedoch niemals ganz verstehen kann. Das ist wirklich entscheidend. Deshalb weiss ich nie, was David sagen will, obwohl ich mehr oder weniger weiss, was ich sagen will. Das ist zusammen mit der Idee relativer Autonomie in der Architekturproduktion die wichtigste Thematik unserer Arbeit.

Die Vorstellung, dass Ambiguität die Stärke eines jeden kulturellen Schaffens ist, erinnert irgendwie an die Auffassung des Klassizismus. Stimmen Sie dem zu? Wie definieren Sie Klassizismus?

Es ist wahrscheinlich eine sehr abstrakte Antwort auf Ihre Frage. In meinen Augen versuchen wir in unserer praktischen Tätigkeit, eine Dualität zu überwinden, egal, welche Form man auch immer in der Welt erschafft: Dass man als eine pragmatische Person in der Welt, in der man lebt, agiert, dass jedoch das, was auch immer man tut, Teil einer spezifischen kulturellen Welt ist, die auf Abstraktion abzielt.

Ich glaube, Letzteres ist wirklich wichtig, weil man da einen Wert ergänzen kann. Wenn die Welt der Architektur vollständig auf einen reinen Pragmatismus reduziert würde, wäre das nur für die ganzheitlich kapitalistische Gesellschaft, es gäbe kein einziges Missverständnis, es gäbe die Vorgabe zu verschwinden, sie würde instrumentalisiert.
Und ich denke, der Widerstand besteht darin, dass unser praktisches Schaffen sich der Lage ausserhalb der Architektur bewusst ist. Und das hat mit dem kulturellen Bereich zu tun. Doch dann stellt sich natürlich die Frage, was diese Kultur ist. Was hat man zu pflegen? Wie klar muss man sein? Man kann das auf eine Reihe von Regeln reduzieren, doch ich neige noch dazu zu glauben, dass dies nicht möglich ist. Es ist nicht möglich, in vollem Umfang zu definieren, wodurch etwas Teil des kulturellen Bereichs ist. Ich denke, es ist nur möglich, wenn das Projekt erledigt ist, also es *a posteriori* zu definieren. Ein Text, auf den ich mich bei anderen Gelegenheiten bezogen habe, ist *Architecture for museums* von Aldo Rossi, der diesen Aspekt anzusprechen scheint: Rossi definiert unter Bezugnahme auf Loos und Cézanne zuerst, was man als gute Architektur beschreiben kann, und bekundet dann sein Interesse daran, dass seine Arbeit auch Teil des kulturellen Kontextes ist.
Meiner Ansicht nach sind dies zwei sehr strenge Vorstellungen. Wenn Cézanne sagt «Ich male für Museen», dann legt er seinen Kontext darüber hinaus fest, was entscheidend für das Verständnis der gesamten Logik seines Werks ist. Das Museum macht sein *Œuvre*.
Ich habe kürzlich ein kleines Buch von Salvatore Settis mit dem Titel *Die Zukunft des Klassischen* gelesen, was vielleicht dabei hilft, unseren Beruf und unsere Ziele zu beschreiben. Settis versucht, indem er die Zukunft des Klassischen hinterfragt, zu definieren, was das Klassische sein könnte. Es geht dabei nicht um Säulen, Stile, Perioden oder Kapitelle (*capitelli*), sondern um das Verhandeln zwischen dem, was man in die Vergangenheit zurückschieben kann, und dem, was man irgendwie nicht definieren kann. Wenn man feststellt, dass sich etwas durch die Zeitalter weitertradiert, und man es durch die ganze Architekturgeschichte hindurch wiederfinden kann, dann kann man das vielleicht als klassisch bezeichnen. Ich hatte den Eindruck, dass das, was Settis geschrieben hat, unsere Position beschreibt: Wir sind Klassizisten.
Klassizismus ist ein sehr schwieriges Wort, das ich nicht in seiner vollumfänglichen Genauigkeit definieren kann. Hier möchte ich es als etwas verwenden, das auf einem gewissen Konsens gründet, der jedoch, wenn er fruchtbar ist, nicht vollständig in sich geschlossen ist. Ein guter Klassizismus ist nicht formalistisch. Er ist auch nicht unwillkürlich. Er ist nicht Durand, wenngleich ich aus anderen Gründen von ihm fasziniert bin. Alle guten klassischen Architekten präsentieren etwas und brechen zugleich mit dessen Regel, sie verhandeln endlos mit etwas, das durch den Bruch mit ihm sichtbar gemacht wird. Bramante arbeitet bei Santa Maria della Pace auf geniale Weise mit einer Reihe von Ordnungen, die er irgendwie entdeckt. Er wusste, dass er mindestens drei

Ordnungen brauchte, um bis zu einem gewissen Grad die Ordnungen des Kolosseums nachzuahmen, doch er hatte nur zwei Geschosse. Ausserdem hatte er auch eine Innenecke, die beim Kolosseum nicht zu finden war. Er musste eine Lösung finden, und er beschloss, die drei Ordnungen sich überschneiden zu lassen. Für mich ist das der Kern des Klassizismus, den ich mir gern zu eigen machen möchte. Es geht nicht um Ordnungen oder bestimmte Proportionen im Vergleich zu anderen, ich glaube, dass es mehr damit zu tun hat, dass man das Gefühl hat, ein Teil des kulturellen Erbes zu sein, egal ob man will oder nicht. Wenn man glaubt, beim kulturellen Schaffen sei der erste Kontext für einen Architekten die Kultur. Man kann dem nicht entfliehen, und man hat beinahe die Verpflichtung, es fortbestehen zu lassen. Meines Erachtens ist das ein wesentlicher Aspekt: Wir sind da, weil die Kultur einige Mittler braucht, um zu überleben. Die Vorstellung, dass man einer dieser Mittler ist und dass man sich dafür entscheidet, macht aus einem wissentlich einen Klassizisten.
Man muss etwas am Leben erhalten, ohne genau zu wissen was, und so versucht man, es zu ergründen und voranzubringen. In meinen Augen besteht Klassizismus in diesem Agieren. Ich weiss sehr wohl, dass es um Ambiguität geht, ich weiss, dass es uns in gewisser Weise zu Klassizisten macht, doch ich weiss überhaupt nicht, wann man sich innerhalb des Bereichs und der Bandbreite befindet und wann nicht. Dies gibt uns die Möglichkeit, es zu versuchen, und das führt mich zurück zur ersten Antwort. David und ich arbeiten in dieser Ambiguität, und während wir arbeiten, verschwindet das Wort «Klassizist».
Ich bezweifle, dass Bramante sich selbst als Klassizist betrachtet hat. Er kam aus der Lombardei nach Rom und war fasziniert von den Entdeckungen oder den Wiederentdeckungen, die er machte; er empfand den Umgang mit dem Vokabular als leicht und trieb dieses voran. «Der leichte Umgang mit etwas» ist eine Thematik, die in der Architektur häufig unterschätzt wird: Man kann es als reduktiv bezeichnen, und in diesem Sinne ist unsere Arbeit bis zu einem gewissen Grad reduktiv und will es auch sein. Sie will die Kontrolle haben, und das ist nur möglich, wenn die Parameter nachvollziehbar sind und sich innerhalb einer bestimmten Bandbreite bewegen. Wenn es zu viele sind, kann man keine Kontrolle mehr darüber haben und auch nicht präzise sein. Man ist kein Minimalist, wenn man reduziert. Man reduziert, weil man komponiert, man eingrenzt und lenkt. Dies hat seine Wurzeln in der Klassik, es gibt eine feste Reihe, eine Ordnung. Und manchmal schiebt man das an. Ich weiss nicht, ob diese Herangehensweise zeitgemäss ist, sie ist es bis zu einem gewissen Grad, sie war immer zeitgemäss und zugleich nicht so zeitgemäss.
Ich habe Probleme, wenn es ikonografisch wird: wenn etwas klassisch ist, wenn etwas klassisch "wirkt". Ich denke, hier ging es nie darum, und es ist ein Missverständnis zu glauben, dass zum Beispiel eine toskanische Ordnung oder das 16. Jahrhundert einem griechischen Tempel ähnlich sehen.

Sie erwähnten Aldo Rossi und Adolf Loos, die das Klassische auch auf politische Art anwendeten. Aldo Rossi zum Beispiel beschloss bei dem *Locomotiva*-Wettbewerb, diese mächtige Schachtel auszuführen, und das war eine politische Reaktion. Würden Sie bestätigen, dass dieser neue Klassizismus auch auf politische Weise die Klassik als eine Form des Widerstands nutzt?

Das Problem, das ich immer mit dem Begriff «politisch» habe, ist, dass er so politisch ist! Ich habe Kollegen, die ihn andauernd verwenden wollen, doch ich verstehe nicht immer, warum sie ihn so häufig verwenden. Natürlich, wenn man den Begriff «politisch» auf diese sehr offene Art und Weise verwendet, dann sind jede architektonische Geste, jede Wahl wie Wand kontra Säule oder Säule und Wand kontra technologische Ästhetisierung oder was auch immer politisch, weil es bewusste Handlungen sind. Wenn man mit Absicht handelt, und ich denke, das ist sehr wichtig für unsere Arbeit, dann ist man politisch. Folglich gibt es, wie ich bereits sagte, zwei Ebenen.
Im Lauf der letzten Jahrhunderte hatte alles eine spezifische Bedeutung bezüglich Zeit und Raum. Der französische Klassizismus zum Beispiel war gänzlich auf die griechische Antike bezogen, und das hatte seine eigene Logik: Er war gegen das *Ancien Régime* gerichtet, und so brachte er in gewisser Hinsicht eine Art ästhetische Vorstellung der griechischen *polis* und so weiter mit sich. Das ist auch logisch und offenkundig in Rossis *Locomotiva*: Es war nach dem Krieg, in einer Zeit, in der man bestimmte Ideen zur technologischen Präsentation aufzugreifen begann, und so beschloss er, etwas anderes zu machen. Das Gleiche gilt für uns. Wir wollen die Tatsache nicht umgehen, dass es, wenn wir eine Form schaffen, eine Logik weit über unsere Faszination hinaus besitzt, es auch eine Logik in Bezug auf unseren aktuellen Kontext hat und auf das, was zuvor geschehen ist und was parallel zu dem, was wir tun, geschieht. Aus dieser Perspektive gesehen ist es absolut politisch.
Doch ich interessiere mich in gewisser Hinsicht für genau den anderen Aspekt davon: Wenn man eingreift, dann macht man das in dem Feld, in der Welt, dann stellt man Hierarchien auf, die Herangehensweise wird rational, und man selbst muss absichtsvoll handeln. Auf diese Art und Weise kann man sich auf Ziele konzentrieren, die ganz genau zu definieren sind und die man deshalb auch verteidigen kann. Ich wiederhole noch einmal, es gibt dabei zwei Ebenen: Einerseits führt die Intention zu rationalen und folgerichtigen Entscheidungen, doch andererseits findet man, während man etwas definiert, heraus, dass es einen allgemeineren Aspekt gibt, der Teil einer längeren Tradition ist.
Das *Locomotiva*-Projekt passt in eine ganze Reihe anderer Projekte und Ideen, die es bereits vor Rossi gab, und er ist sich dessen bewusst.

Beziehen Sie sich auf die Verwendung des römischen Rasters, das Rossi für die städtebauliche Lösung gewählt hat?

Ja. Diese von ihm getroffene Wahl zum Beispiel bezieht sich auf eine bestimmte Tradition, eine bestimmte Vorstellung von der Stadt. Rossi handelte äusserst absichtsvoll. Doch ich bin auch fasziniert von Absichten, die auf einem Missverständnis basieren. Ich finde, das Missverständnis ist ein sehr fruchtbares, ein sehr wichtiges Triebwerk in der kulturellen Produktion, da man sich etwas aneignet, das man irgendwie nicht recht versteht.
Vor nicht allzu langer Zeit war ich im Palladio-Museum in Vicenza, und Guido Beltramini sagte im Wesentlichen, dass Palladios Entwurf für eine seiner Villen auf einer Fehlinterpretation einer alten römischen Tempelruine basiere. Wenn diese Argumentation ihre Richtigkeit hat, was sehr gut möglich ist, dann gründet die von Palladio entwickelte rundum kultivierte Formensprache, ein Teil all seiner anderen Einflussnahmen, auf einem Missverständnis: die Überreste eines Tempels zu sehen und ihn dann zu reaktivieren. Ich glaube, dass es auch hier wieder zwei Aspekte gibt: Der erste ist das, was man als Individuum machen möchte, das heisst, ich als Person in der Welt. Ich hoffe, dass wir nicht damit aufhören, ein politischer Beruf zu sein, weil das bedeutet, dass wir miteinbezogen werden und dass wir verstehen, dass man als Architekt in eine bestimmte Diskussion eintreten kann, die bereits vorgegeben ist, und dass man dieser Diskussion eine bestimmte Wendung gibt. Doch gleichzeitig ist das, was auch immer man tut, Teil eines grösseren Plans, der etwas anderes ist, und lässt die Kultur fortbestehen, was meiner Ansicht nach entscheidend ist.

Wie stellt sich im Umgang mit dieser von Ihnen erwähnten Wendung die Position bezüglich der Stadt und des kulturellen Einflusses in Ihrer Arbeit dar?

Ich denke, es herrscht ein Übermass an Negativität in der Vision bezüglich unserer Zeit. Wir hatten immer schon eine Welt, die Problemen gegenüberstand, die sich jedoch auch dem stellte, wie unsere Gesellschaft dargestellt wurde, wie unsere Kultur fortbestehen würde, wie man mit unseren Traditionen verfahren würde, wie wir diese Traditionen bewahren und sie am Leben erhalten. Meines Erachtens sind diese Aspekte heutzutage noch immer extrem wichtig. Man realisiert, dass die Orte, an denen eine Form des Widerstands gegen verschiedene politische Interpretationen herrscht, solche Orte sind, die man als Teil eines grösseren Konzepts erkennt, auf das ich mich vorher bezogen habe.
Viele bedeutsame Gebäude sind nicht einfach nur bedeutsam, weil wir Architekten sind, sie sind schlichtweg bedeutsam, weil sie die Stadt ausmachen. Sie wurden in

gewisser Hinsicht unter dem unklaren Vorwand errichtet, für «falsche Menschen» zu sein. Wir können diesbezüglich nicht so naiv sein.
Man kann das Belvedere lieben, doch man muss nicht die Politik von Giulio II. akzeptieren. Ich glaube, der Architekt ist eine mehrdeutige Figur. Er ist eine Machtfigur, obschon er vorgeben will, es nicht zu sein. Und ich denke, es ist wichtig, das zu realisieren. Darum geht es bei der Architektur. Und das ist natürlich die gleiche Situation, der wir uns heutzutage stellen müssen. Wenn man baut, dann baut man die Macht. Es ist wichtig, sich dessen bewusst zu sein, weil man dann, wenn man es erkennt, verstehen wird, welch enorme Verantwortung ein Architekt hat. Selbst wenn man es ein wenig verdreht, man es ein wenig verändert, wird unsere Position als Architekten immer mehrdeutig sein. Das war immer schon so. Wenn wir nach Urbino fahren, dann wollen wir den Palast mit seinen Malereien sehen, und natürlich war es auch kein Bauer, der all das in Auftrag gegeben hat, sondern es war eine Zentralmacht, für die die Architektur errichtet wurde. Diese Situation hat sich absolut nicht geändert. Vielleicht gibt es keine Prinzessinnen und Könige mehr, nur weil wir andere Namen für sie haben. Heute gibt es viele kleine Machtsplitter. Ich denke merkwürdigerweise, dass es restlos von uns abhängt, diese Situation zu erkennen und sie zu unserem Vorteil zu wenden und sie zur Verbesserung der Welt zu nutzen. Entschuldigung, ich kann sehr idealistisch sein...

Doch seit der Kapitalismus und die Demokratie zur führenden Kraft avanciert sind, haben wir dadurch Städte gesehen, die als Verkaufsprodukte konzipiert sind und nicht mehr als *operae* für die Bürger zur Legitimierung einer unrechtmässigen Macht. Es ist frustrierend zu erkennen, dass je demokratischer die Macht ist, desto unbedeutender die Architektur bei der Errichtung einer Stadt wird...

Ist das wahr? Ich weiss nicht, ob das wahr ist. Ich will hier nicht den Neokapitalismus verteidigen; es ist offenkundig, dass es in unserer Gesellschaft eine kleine Gruppe von Menschen gibt, die fast alles besitzt, ich beziehe mich dabei auch auf die europäische Mittelschicht, und da herrscht eindeutig kein Gleichgewicht. Der einzige Weg, den wir noch sehen, ist die Schliessung der Grenzen. Wir tun so, als ob wir nicht wüssten, in was wir verwickelt waren. Und das ist schrecklich diskriminierend. Doch wenn man einfach nur über die Stadt spricht und darüber, wie sie gebaut ist, dann bin ich mir nicht sicher, ob sie anders gebaut worden wäre, als es geschehen ist. Wenn man in Padua ist und sich den Palazzo della Ragione betrachtet, dann ist es klar, dass das eines der wenigen Gebäude ist, das einen speziellen Charakter hat, inmitten eines Chaos, was der Rest der Stadt ist. Was geschieht mit diesem Gebäude, das irgendwie immer noch Präsenz zeigt in der heutigen Stadt. Der Palazzo della Ragione bildete nicht nur den Schauplatz für den Einzug in die Stadt, sondern war auch als Markthalle gedacht, als zentrale Anlaufstelle mitten in der Stadt. So stellt sich die Frage: Können wir bessere Einkaufszentren bauen? (*lacht*) Die Idee des Einkaufszentrums ist dabei noch nicht einmal das Problem; die gab es immer schon. Ich denke, es schwingt bei dieser Art von Diskursen darüber, wo wir in der Architektur stehen, eine Menge Nostalgie mit. Ich kann die Nostalgie derer, die zum Beispiel zur Ära Le Corbusiers emporschauen und denken, das sei das goldene Zeitalter gewesen, nicht ertragen. Le Corbusier arbeitete genauso hart wie wir. Er war auf seine eigene Weise ein grossartiger Architekt. Doch wir haben Tausende schrecklicher Betonplatten in Anlehnung an seine *Unitées* gesehen, was natürlich nicht seine Schuld ist. Das soll heissen, dass ich mich nicht dieser Negativität anschliesse, an ein verlorenes goldenes Zeitalter zu glauben.

Ich denke, das Thema der Urheberschaft steht mit dieser Diskussion in Zusammenhang, und das hängt mit meiner Sorge über den Verlust der Kompetenzen und Verantwortlichkeiten unseres Berufes heute zusammen. Doch irgendwie verstehe ich auch die negative Einstellung. Sie sprachen über das Einkaufszentrum im Zusammenhang mit dem Palazzo della Ragione: Ich kann dieses Gebäude nicht mit unseren heutigen Einkaufszentren vergleichen...

Nun ja, das ist das Problem! Das ist auch der Grund, weshalb ich diese «Architektur ohne Inhalt»-Ateliers [Unterrichtssemester von Kersten Geers, Anm. d. Verf.] über diese Grossbauten begonnen habe, die eine wirkliche Auswirkung auf unsere Städte haben. Gibt es eine Möglichkeit, diese Gebäude hübsch zu gestalten oder etwas mit ihnen zu machen? Einerseits ist es eine sehr pragmatische Frage, die wir uns selbst gestellt haben, doch andererseits ist es auch eine kulturelle Frage. Diese Gebäude sind so gross, dass sie einen kulturellen Einfluss darauf haben, ob man sie will oder nicht. Doch wenn man über all die Komplexe nachdenkt, die wir im 18. und 19. Jahrhundert gebaut haben, Krankenhäuser und Friedhöfe zum Beispiel, dann stellen wir fest, dass sie ausserhalb der Stadt errichtet wurden. Nun ist die Stadt gewachsen, und sie sind zu wichtigen Bezugspunkten für unser Leben in der Stadt geworden. Und so denke ich, dass es einfach immer darum geht, die Gelegenheiten zu nutzen, die wir haben, und uns nicht nur darauf zu konzentrieren, schicke Objekte zu entwerfen, die offen gestanden überhaupt nicht interessieren. Doch das war schon immer so.

Ich würde sagen, die Gelegenheiten zu nutzen, die wir haben, bedeutet, Position zu beziehen zu den Problemen, denen wir uns gegenübersehen.

Was mich betrifft, so herrscht vielleicht nicht genügend Diskussion in der aktuellen Architekturszene. Es gibt nicht viel klare Positionierung. Ich weiss, dass Sie mit François [François Charbonnet, Anm. d. Verf.] gesprochen haben, und seit wir in den letzten paar Jahren die Gelegenheit hatten, uns besser kennenzulernen, würde ich behaupten, dass ich bei ihm den gleichen Wunsch sehe, wesentlich klarer zu sein. Meiner Ansicht nach gibt es Unterschiede in unserem praktischen Schaffen, Unterschiede in unseren Interessen, doch es gibt auch eine Menge Parallelen. Was uns eindeutig verbindet, ist die Entschlusskraft darüber, was man denkt und was man tut und was man glaubt, tun zu müssen.
Man muss sich dessen bewusst sein, dass die Position, die man einnimmt, immer mehrdeutig ist. Und ich mag das. Man bezieht also eine Position, man bekräftigt eine Position, doch diese Position ist nicht in einem einzigen Satz definiert. Es ist eine Position, die vielleicht durch eine Reihe von Arbeiten oder auch nur ein Werk definiert wird. Und das Projekt macht die Position aus. Und diese Position durch das Projekt ist sehr interessant, weil sie - wie wir schon häufig erlebt haben - offen ist für Interpretation, und das ist gut so. Gleichzeitig sollte sie schlagkräftig genug sein, dass man auch begreift, dass es bezüglich des Projektes ein Vorher und ein Nachher gibt.

Wenn wir wieder zum Begriff der Urheberschaft zurückkehren, dann spiegelt das Artefakt, das von dem Architekten geschaffen wurde, irgendwie die Position wider, die er einnimmt, doch es herrscht eine Ambiguität zwischen dem, was das Projekt fordert, und dem, was eigentlich seine Realität ist. Wie reagieren Sie darauf?

Seit wir ein Büro mit zwei Personen sind, haben wir gelernt, dass ein Projekt nicht ein präzises Thema fordern kann. Es verhält sich wie mit einem Relief, weil es in Wirklichkeit sehr schwierig ist, irgendetwas definitiv zu fordern. Als Architekt muss man sich des Umstandes bewusst sein, dass das, was auch immer man fordert, wenige Konsequenzen hat, und so hilft erneut die Ambiguität. Ein Projekt ist erfolgreich, sofern es bis zu einem gewissen Grad den pragmatischen Wünschen dessen Rechnung trägt, der es nutzt, und in dieser Konstellation ist es möglich, ein Argument hervorzubringen. Ich denke nicht, dass der Erfolg eines Projektes anhand des Prozentsatzes an Besuchern gemessen werden kann, die den Anspruch erfassen. Nichts muss wirklich bezüglich der Architektur verstanden werden. Wie wir Gebäude nutzen, hat mit ihrer Phänomenologie zu tun, und ich bin nicht sicher, ob es möglich ist, sich darüber zu streiten. Schlussendlich ist es eine andere Ebene, die ziemlich unabhängig von der kulturellen Ebene eines Gebäudes ist. Meines Erachtens gibt es einen kulturellen Bereich, in dem das Gebäude erscheint und vielleicht irgendetwas repräsentiert und vielleicht lesbar ist, doch damit stimmt eigentlich ein Gebäude überein, das einfach funktioniert. Ich bin immer sehr glücklich darüber, dass die Menschen, die in unseren Häusern leben, mit den Gebäuden genau so glücklich sind, wie sie sind. Wenngleich sie möglicherweise nicht die Zahl der Ebenen erkennen können, die für diese Projekte vielleicht notwendig, jedoch nicht entscheidend sind.

Dringt man tiefer in eine stärker architektonische Fragestellung ein, dann gibt es meiner Meinung nach einen wichtigen Zusammenhang zwischen dem, was wir gerade erörtert haben, und der Dualität von Form und Funktion. Würden Sie diesen Zusammenhang als eine notwendige Bedingung bezeichnen, würden Sie vielleicht diese Dualität als Möglichkeit sehen, eine Position zu beziehen? Existiert die Form a priori in diesem Sinne, oder ist es die Ambiguität, dass sie während des Prozesses und nach der Planung entsteht?

Wir können natürlich nicht leugnen, dass der Architekturberuf damit zu tun hat, wie Dinge funktionieren. Man kann nicht sagen, ich will ein Haus bauen, doch dann vergisst man, dass das Haus irgendwie genutzt wird. Oder wenn man einen sehr grossen Apparat baut, wie etwa ein Büro, dann muss eine Logik herrschen, wie die Dinge verwendet werden. Es ist jedoch wahr, dass diese Dinge ganz wie zu Formeln avancieren, und diese Formeln werden dann fast eins zu eins in einen Plan übertragen. Wir hatten dann aber den Funktionalismus, und danach, in den 1990er Jahren, hatten wir zum Beispiel diagrammatische Architektur, die durch eine Reihe von gestischen Ideen versuchte, diese Vorstellung der Funktionsweise ganz direkt umzusetzen. Man kann es als späten Modernismus bezeichnen, doch das spielt keine Rolle: Diese Kategorien werden häufig durcheinandergebracht. Ich denke jedenfalls, dass wir von dieser Stelle kommen, in dem Sinn, dass wir sehr oft dagegen eingestellt waren. So würden wir behaupten, es gäbe einfach die Form von etwas und dann die Art und Weise, wie man es nutzt, doch die Dinge werden auf mehrere verschiedene Arten genutzt. Und dieses Szenario ist heute sehr häufig der Fall. Nun beinhaltet dieses Argument natürlich eine Menge Wissen: Wenn man einen Plan zeichnet, und der Plan bietet viele Möglichkeiten, oder wenn er eine offene Art von Starrheit aufweist, dann ist der Plan nichts, was man sehr schnell skizziert, und man danach sagt: «Oh, das ist ein hübscher Plan.» Nein, der Plan ist ein Verhandeln, eine Diskussion, eine Verfeinerung von Massen, eine Reihe von Beziehungen: Enfilade, Öffnungen, ist es ein Quadrat oder ein Rechteck? Ist alles das Gleiche oder nicht das Gleiche? Ich denke deshalb, dass jeder x-beliebige Plan, den man zeichnet, immer ein indirektes Verständnis der Funktion beinhaltet, doch dann gibt es eine grosse Unterbrechung, zumindest für uns. Meines Erachtens ist das wieder eine Architekturtradition, deren Geschichte Jahrtausende zurückreicht: Man kann jeden einzelnen Plan in diesen Jahrtausenden sehen und alle funktionieren genau so. Man muss das als gegeben hinnehmen, selbst wenn wir noch darüber diskutieren, ob die heutige Technologie dies geschehen lässt oder nicht. Man muss es als gegeben hinnehmen, dass die Architektur jegliche Form der Nutzung überdauert; selbst die flüchtigste Architektur, da die Art und Weise, wie man Dinge nutzt, sich sehr schnell wandelt. Ist das eine Antwort?

Ja, das ist es, doch wenn man nun weiterdenkt: Ist diese Dualität Ihrer Meinung nach mit Ratio zu lösen, oder denken Sie, dass die Verwendung einer Form von einem historischen Nutzungsprozess kommt, der eine spezielle Funktion innerhalb einer speziellen Form vermittelt?

Ich denke, das kann man ein wenig in der Ausstellung [Büroausstellung in Bozar, Brüssel, Anm. d. Verf.] sehen: Für uns gibt es viele Spuren, die zu einer Form führen. Es gibt Bezugnahmen auf die Kunst, architekturhistorische Bezüge, es gibt eine bestimmte Tradition.
Wenn man Aneignung toleriert und das, was ich manchmal als «falsche Freunde» bezeichne, dann ist viel möglich. Solange man das versteht, dann kann nach ernster Prüfung das, was man präsentiert, fortbestehen. Ich weiss, dass das eine etwas vage Beschreibung ist, doch es ist die genaueste, die ich machen kann.

Doch wie können Sie sich dann der Antworten sicher sein? Wo können Sie ein universelles Gesetz zur Unterstützung Ihrer Arbeit finden?

Vielleicht treibe ich es zu weit, doch es gibt zwei Möglichkeiten, die *Architecture of the City* zu betrachten. Die erste bezieht sich auf den hohen Grad an Präzision, den Rossi zur Definition einer Reihe von Regeln für die stadtplanerische Vorgehensweise an den Tag legt, die sogenannten *fatti urbani*, städtische Artefakte, durch die wir die Stadt definieren können. Die zweite Möglichkeit der Betrachtung ist vielleicht die Ambiguität innerhalb der *fatti urbani* selbst: Sind das Artefakte oder Fakten? Sie wurden in gewisser Weise auch von der Menschheit erfunden und hervorgebracht, und das deutet darauf hin, dass noch mehr in der Stadt passiert. Und dieses Mehr betrifft den Umstand, dass jeder gebauten Form in gewissem Sinne auch eine Erinnerung an ihre Herkunft innewohnt. Bezieht man sich jedoch auf das, was Diogo Seixas Lopes in seinem Buch *Melancholy and Architecture* über Rossis Werk schreibt, dann wohnt Rossis Stadtprojekt immer das Universale, das die Idee der Stadt selbst umfasst, und das Persönliche inne. Und das hat sich nie geändert. Und es gibt keinen früheren Rossi: Vom allerersten Anfang an ist jedes seiner Projekte voller persönlicher Bezugnahmen und aus diesem Grund auch voll von dieser Art bizarrer Ambiguität. Und was er in der Darstellung in seinem eigenen Buch schildert - Modell kontra Typ - ist lückenhaft zur Beschreibung seines Werks, es ist nicht nur das, sondern sicher gibt es auch noch das... Ich weiss es nicht (*lächelt*). Ich glaube auch, dass letzten Endes und ohne es allzu künstlerisch klingen zu lassen - wir fürchten uns alle ein wenig davor -, die Freiheit, die wir irgendwie haben, wenn es nur darum geht, etwas wie das zu machen (Kersten Geers wirft willkürlich einen Stift auf den Tisch), albern ist, doch sie ist abstrakt genug, um etwas mehr organisieren und nach der Prüfung transportieren zu können, als einfach die Erinnerung dessen, was es war.

Ist diese mehrdeutige Beziehung zwischen Persönlichem und Universalem, Ratio und Erinnerung, das Gleiche für Sie als Architekten?

Ja, das ist es. Das Komplizierte ist, dass wir zwei Individuen sind. Es ist noch nicht einmal immer so klar, wessen Erinnerung es ist, und das ist auch gut so. Und ich denke, dass die Ausstellung in Bozar in vielerlei Hinsicht nun versucht, das zu thematisieren. Es geht sehr viel darum, Dinge miteinander zu verbinden, die in keinem Zusammenhang zu stehen scheinen, es geht um diese beiden Arbeiten, die hoffentlich nebeneinander bestehen und aus zwei verschiedenen Erzählungen eine Geschichte entstehen lassen. Meines Erachtens wäre das eine ohne das andere nicht schlüssig.

Sie erwähnten zuvor Ihre letzten Semester, «Architektur ohne Inhalt». Könnten Sie dieses Konzept, das ein zentraler Bestandteil Ihrer Unterrichtssemester zu sein scheint, vielleicht genauer erklären?

Der Titel kam durch Zufall von einem Workshop, den ich an der Columbia University gehalten habe und der anfänglich "The big box" hiess, und dann bin ich plötzlich über den Ausdruck «Architektur ohne Inhalt» gestolpert, nicht so sehr, weil die Architektur nichts enthielt, sondern weil der Inhalt selbst keinen Einfluss darauf hatte, wie die Architektur war. Keines der Gebäude war in völliger Ignoranz seines Inhalts entworfen worden, doch sie versuchten, ein Minimum an Zusammenhang herzustellen.
Ich betrachte den Inhalt als Katalysator, er treibt den Prozess an, ist jedoch kein notwendiger Teil der Reaktion. Er definiert die Vorstellung einer Architektur als Hülle, als Schwelle, als Umfang, und mit der Zeit wurde mir klar, dass er eine Metapher unserer Arbeit im Allgemeinen ist. Die Workshops, die völlig unabhängig von der Arbeit im Büro waren, waren gewissermassen ein Titel, der auf einen ganz zentralen Gedanken unserer eigenen Arbeit anspielte, den wir niemals klar zum Ausdruck gebracht haben. Einige Leute begannen, es als eine Reaktion auf den «Content» des OMA zu interpretieren. Das repräsentiert natürlich das entgegengesetzte Beispiel, selbst wenn

es in unseren Gedanken nie eine zentrale Rolle gespielt hat. Es repräsentiert die Vorstellung einer Architektur, die verschiedene Aufgaben überdauert, bei der es sich um den Typ handelt, der nicht auf Funktionen bezogen ist, sondern auf eine Reihe von möglichen Nutzungen und Wohnstätten, und das alles ohne seine DNA grundlegend zu verändern.

Betrachten Sie diese Semester als eine theoretische Untersuchung oder auch als eine reale Herangehensweise, die man auf die Stadt anwenden kann?

Ich glaube, es ist klar, dass es keine möglichen Lösungen gibt. Es ist natürlich eine Herangehensweise. Ich denke, «Architektur ohne Inhalt» – und vielleicht ist es nun klarer für mich, als es am Anfang war – besteht als eine Art Paralleluniversum zu unserer eigenen praktischen Tätigkeit. Es nimmt Dinge in Angriff ohne irgendwelche wirtschaftlichen Auswirkungen: Das ist praktisch, das ist nett. Wir, die Studenten und ich, arbeiten alle am gleichen Gedankengang, und David und ich können ausprobieren, was wir nicht in der Praxis ausprobieren können, weil die Organisation des Büros uns das nicht erlaubt. Was diese Semester meines Erachtens hoffentlich bringen, ist möglicherweise eine Reihe von Ideen, wie man Dinge macht. Doch natürlich haben wir da die Freiheit, nicht *a priori* erfolgreich zu sein. Es ist nicht wichtig, dabei erfolgreich zu sein; wenn etwas nicht funktioniert, dann funktioniert es eben nicht. Doch die Ergebnisse sind, sagen wir es einmal so, ziemlich funktionsfähig, weil man seltsamerweise bei irgendetwas endet, das sehr stark vorhanden ist, etwas, das ein mögliches Hilfsmittel ist. Nun denke ich aber nicht, dass wir mit neuen Hilfsmitteln aufwarten; Innovation ist nicht unser Hauptinteresse, sehr häufig handelt es sich bei dem, was wir haben, um das, was wir zuvor schon hatten, doch die Leute sind sich dessen vielleicht nicht bewusst.

Was das betrifft, so leben wir in einer Gesellschaft, in der die Bilder von Dingen wichtiger sind als die Dinge selbst. Die Architektur begegnet diesem Thema auf viele verschiedene Arten. Wie reagieren Sie und Ihre Studenten darauf?

Ich denke nicht, dass ich das Thema der neuen sozialen Medien vollständig erfassen kann, einfach weil ich kein Teil davon bin. Das bin ich nicht. Ich kann die Auswirkungen sehen: Man denke nur an den grossen Einfluss, den die sozialen Medien bei den amerikanischen Wahlen 2008 und 2016 hatten, man denke an den arabischen Frühling und so weiter... Ich kann bei vielen Gelegenheiten sowohl den Einfluss als auch den mangelnden Einfluss erkennen. Zugleich sehe ich nicht genau, wie diese Dinge funktionieren, deshalb bin ich ein wenig ein Aussenseiter. Was ich natürlich weiss, ist, dass man Generation für Generation sieht, wie sich vielleicht die Herangehensweise an die Dinge veränderte, doch es verhält sich alles normal mit den Dingen, die sich verändern. Es geht um Ausbildung und viele andere Aspekte. Noch vor sieben Jahren war es undenkbar, dass man alles googlen könnte. Alles ist auf unheimliche Weise zugänglich, und wenngleich ich das als Aussenseiter sage, so denke ich, dass wir uns schrittweise in eine Situation eines kompletten weissen Rauschens begeben. Es ist so viel sichtbar, so viel zu sehen, so viel zu erforschen, so viel zu fotografieren, es gibt so viele Arten von Dokumenten, so viel Videoüberwachung, dass wir in gewisser Weise nichts mehr sehen. Als Ergebnis scheint mir die gleiche Art der Herangehensweise, die gleiche Fokussierung, die vielleicht vor 50 Jahren oder noch früher logisch war, als es dieses Medium noch nicht gab, wieder zunehmend wirksam zu sein. Ich habe das vor Kurzem mit den Studenten gesehen: Wenn alles verfügbar ist, dann sind Dinge sehr interessant, die schwierig zu erreichen sind. So sind wir die Dinge immer schon angegangen. Doch dann würde ich das wieder klassisch nennen. Diese Art der Langsamkeit betrachte ich als den Hauptvorteil.

Würden Sie das direkt auf die Architektur beziehen?

Ja, ich stelle da eine Verbindung zur Architektur her!

Sie sprachen vom weissen Rauschen, Koolhaas würde es vielleicht als beige bezeichnen, und ich sehe das in der völligen Ausdrucksfreiheit, die wir heute haben, das führt einen zum Beispiel zur klassischen Herangehensweise, doch letztendlich ist es immer noch weisses Rauschen...

Ja, ich denke, das ist die gute Nachricht. Ich kann auch Phänomene wie die grossen Gebäude von heute erkennen, doch unterscheidet sich das von den SOM-Bauten in den 1960er Jahren? Ich denke nicht. Ich denke, es ist die gleiche Art der Praxis. Folglich ist alles das Gleiche. An Architektur herrscht reges Interesse in den Zeitschriften, doch ist das wirklich viel? Der Tod der Zeitschriften hat erst vor wenigen Jahren eingesetzt.

Um zum Abschluss zu kommen: Ich habe einen Satz von Ihnen sehr geschätzt, den ich bei einem Ihrer Vorträge gehört habe. Sie sagten «Wir verbergen nichts, wir *inszenieren.*»

Ich bin überzeugt davon, dass die Architektur zum Scheitern verurteilt ist. Sie kann nicht reüssieren, was auch immer sie versucht, und das ist kein Drama, doch etwas, das zu akzeptieren wir lernen sollten. Das hat mit dem Umstand zu tun, dass man plant, und die Regeln, die man vertreten will, werden an einem bestimmten Punkt mit anderen verschmelzen. Das hat auch mit unserem klar umrissenen Universum zu tun, das man zu kontrollieren glaubt, doch an einem bestimmten Punkt stösst es auf die Welt, wie sie ist, und die Welt ist nicht perfekt. Ich persönlich denke, dass das die absolute Qualität der Architektur ist. Der Ort des Konfliktes ist da, wo man die Architektur funktionieren sieht. Das *Inszenieren* hat mit einer gewissen Unehrlichkeit gegenüber der Architektur zu tun, nämlich dass man etwas macht, das eines gewissen Realismus entbehrt, und man sich dessen bewusst ist.

Architektur kann eigentlich nur realisieren, dass etwas nicht von dieser Welt ist. Dass es irgendwie mit der Welt verhandelt und aus einer bestimmten Perspektive erfolgreich sein könnte, doch von einer anderen Perspektive auch wieder nicht. Das ist *Inszenieren*. Das ist eine alte Tradition: Man kann sich auf Le Corbusier beziehen und versuchen, Gebäude zu errichten, die aussehen, als wären sie mit einer Technik erbaut, die er noch gar nicht beherrschte; oder Renaissancegebäude, bei denen Marmor gemalt war. Architektur basiert sehr stark auf dem Prinzip «Was man sieht, ist nicht das, was man bekommt». Sie versucht, einem vorzugaukeln, was sie gerne wäre. Selbst wenn man «ehrliche Materialien» verwendet, wird das immer nur innerhalb eines bestimmten Terrains funktionieren, und dann hört es auf.

Kersten Geers lebt und arbeitet als Architekt in Brüssel.

OFFICE Kersten Geers David Van Severen
OFFICE 50, After the Party [Belgischer Pavillon für die Architekturbiennale in Venedig]
2007-2008

1-2 Architecture Without Content 1,
Libe Camarena Caballin, *Data Centre*
FORM studio, *Pacific Design Centre* (Cesar Pelli)

3 OFFICE Kersten Geers David Van Severen
OFFICE 65, Crematorium
2013-

4 OFFICE Kersten Geers David Van Severen
OFFICE 126, Centres for Traditional Music
2012-

5 Bas Princen
OFFICE 50, After the Party [Belgischer Pavillon für die Architekturbiennale in Venedig]
2008

6 Bas Princen
OFFICE 117, Drying Hall
2013

7 Bas Princen
OFFICE 39, Villa Buggenhout
2010

8 Bas Princen
OFFICE 45, Kortrijk XPO
2007-2009

UIT

MAD

E IN

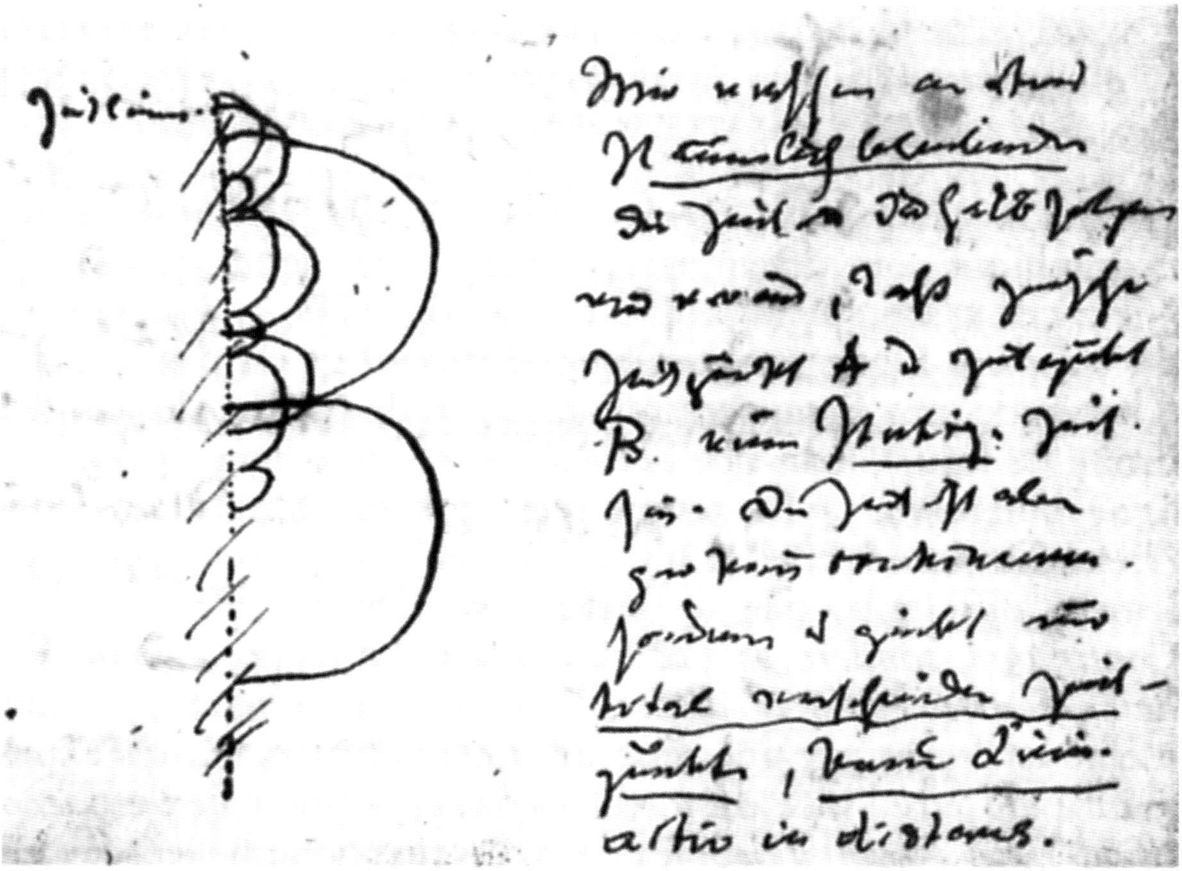
actio in distans.

Jede Architektur setzt im Endeffekt Grenzen. Raum, das übliche Alibi ihrer Repräsentanten, ist nur das schicksalsergebene Resultat einer grundlegenden Vorgehensweise, die Aufteilung – ihre grundlegendste Eigenschaft. Peripher im Kerngehalt, mit theatralischer Neigung, ist ihre Ausführung vorläufig: Architektur ist der indifferente Randbereich des Lebens. Zwischen Subjekten positioniert, ist ihr Wirkungsbereich politisch und ihr Raum territorial; genau wie die gesegneten Kinder widerstreitender Vorfahren – Wirtschaft, Umwelt, Gesellschaft, Programm, Eitelkeit – begrenzt ihr Zustand ihr Produkt auf eine paradoxe Gestalt: Architektur ist ein *grundlegender Konsens*.

Dieses Gespräch mit François Charbonnet fand am 21. Januar 2016 in der Bar Suite 115 in Genf statt.

Wenn Sie sich dem Entwurf flüchtig nähern, stellen Sie sich diesen dann physisch gebaut vor? Ist diese Auffassung eine Haltung, die sich entsprechend dem Charakter des Entwurfs wandelt, oder ist es immer die gleiche Vorgehensweise? In welchem Mass beeinflusst das Ihre Arbeitsweise?

Für unsere Arbeit ist wesentlich, dass wir nie einen Fall als normgebenden Inhalt betrachten. Wir glauben, dass Architekten kritisch bleiben sollten gegenüber dem, was ihnen in einem solchen Ausmass gegeben ist, dass es dem Beruf erlaubt sein sollte, Regeln, ein bestimmtes Programm, sogar einen Standort zu hinterfragen und abwertende Rechtsvorschriften in Anspruch zu nehmen. Es ist selbstverständlich, dass die Ausschreibung eine Reihe von Forderungen skizziert, doch es geht darum, den Entwurf auf eine andere Beschluss - und Zuständigkeitsebene zu bringen, was nicht nur in der Formulierung einer möglichen Antwort besteht, sondern sich auch mit dem Prozess der Fragestellung beschäftigt. Architektur ist ein Potenzial, das nicht negativ auf eine kategorische Durchführbarkeit festgelegt werden sollte. Das ist eine wesentliche Massnahme und könnte auch einer der Gründe sein, weshalb wir tendenziell so häufig bei Wettbewerben leer ausgehen. Wir betrachten eine Ausschreibung als solche kaum als ein Problem, und sie ist sicher keine hinreichende Grundlage, um einen kritischen Entwurf zu entwickeln. Dafür sollte man ihm wahrsten Sinne des Wortes über die Ausschreibung hinausgehen und alle speziellen Rahmenbedingungen - rechtliche, wirtschaftliche, gesellschaftliche, kulturelle, historische usw. - als mögliche Vorteile und nicht als Einschränkungen betrachten.
Ein kritischer Aspekt ist, daran zu arbeiten, eine gewisse Autorität zurückzuerobern, die durch die unglaubwürdige Aufteilung von Kompetenzen und angetrieben von der scheinbar einzig bedeutungsvollen Aussicht auf kurzfristigen Profit abhandengekommen ist. Und dies kann nur durch den Entwurf geschehen. Sich für etwas zu engagieren, das nicht vorhersehbar war, setzt natürlich einen speziellen *modus operandi* voraus, der weit über den reinen Nutzen hinausreicht: Es muss eine engere Verbindung zwischen einer Expertise und einer politischen Autorität geben, und der Architekt sollte viel früher in den Prozess involviert werden, in dem das Potenzial einer späteren Entwicklung definiert wird. Ausserdem sollten sich Wettbewerbe für das Ungewisse stark machen und die Diktatur des zweifelsfreien Produktes umgehen.

Könnte dies ein Weg sein, damit das Entwurfsverfahren wieder politisch wird?

Vielleicht. Doch was wir mit *politisch* meinen, hat wenig mit dem zu tun, was man als bürgerliche Architektur bezeichnen könnte, wie im 19. Jahrhundert, als Repräsentativität institutionell war. Es gibt heute kaum eine solche Architektur, genau wie das meiste dessen, was in der Regel für öffentlich gehalten wurde, nun unter der Vorherrschaft und der Autorität des Privaten steht. Architekten können deshalb kaum den Anspruch erheben, politische Architektur zu machen, doch sie können Architektur *politisch* ausprägen; da der Einflussfaktor das architektonische Projekt selbst bleibt, kann der Architekt genau innerhalb dieser Rahmenstruktur arbeiten... allerdings nicht ausserhalb davon. Das ist es, was man, wenn man den Bereich der Architektur verlässt, nur als Architekt macht. Mit anderen Worten: Politisches Handeln bleibt im Wesentlichen innerhalb eines vorgegebenen Bereiches fachlicher Expertise; und das Hinterfragen normativen Denkens und vorgefasster Meinungen trägt dazu bei, das Architekturprojekt politisch zu entwickeln.

Ist das eher eine Handlungsweise?

Richtig, es ist verhaltensbezogen. Doch lassen Sie mich um der Darstellung willen kurz abschweifen. Jean-Luc Godard erklärt in seinem Film *Geschichte(n) des Kinos* ganz deutlich: Regeln werden erlassen, um einen davon abzuhalten, anderes zu denken als das, was gemeinhin akzeptiert wird; deshalb beinhalten Ordnungsmassnahmen zwangsläufig eine beliebige Aktion innerhalb eines vorgegebenen Rahmens intendierter Referenzen sowie Präzedenzfälle, nach denen sie an erster Stelle entwickelt wurden. In gewisser Hinsicht stellen Vorschriften nicht nur eine Ergänzung dar, sondern sie stehen auch im Gegensatz zum grossen Beitrag der Gesetzgebung, nämlich der Jurisprudenz, die sich immer auf spezielle Fälle bezieht und niemals für allgemeine Bedingungen gilt. Was ich lediglich zu sagen versuche, ist, dass Architektur sich nicht hinderlichen Diktaten beugen und als Folge davon freiwillig ihr Potenzial aufgeben sollte. Natürlich hat ein solches Denken sozusagen als logische Konsequenz eine gesteigerte Kritizität, die die indifferente Anwendung der Norm vermeidet. So würde das Projekt seine eigene Kohärenz entwickeln und, sagen wir mal, zwischen Komplexität und Widerspruch oszillieren können.

Wie bereits zuvor erwähnt, sollte das Architekturprojekt nicht mit einer Machbarkeitsstudie gleichgesetzt werden. Doch der Berufsstand ist bedauerlicherweise mit kaum etwas anderem konfrontiert. Der Wettbewerb als Verfahren sollte ein Aufruf zu Ideen sein, die über die reine Nützlichkeit hinausgehen. In einem frühen Stadium definiert das Projekt ein Potenzial mit all seinen Privilegien: Wenn erforderlich, dann sollten die dazu verwandten Mittel, damit es gebaute Realität wird, entsprechend neben seiner Entwicklung erarbeitet werden. In dieser Hinsicht ist das Potenzial ein aktiver Vermittler von Kritizität.

Wie sind wir darauf gekommen?

Es gibt gewiss mehrere Gründe dafür, einer davon ist, dass Architekten kaum *verantwortungsbewussten Autoritäten*, sondern fast ausschliesslich *verantwortungslosen Strukturen* gegenüberstehen: Innerhalb dieser wird niemand für etwas zur Verantwortung gezogen, da sich jeder Akteur hinter normativen und regulatorischen Rechtsmitteln schützend verbergen kann. Oder anders gesagt, die Anhäufung vordefinierter Kriterien entbindet den Akteur seiner realen Pflicht, nämlich der einer nuancierten und motivierten Entscheidung. Das alleinige Vertrauen auf objektive Prinzipien führt nicht zu einer qualitätsvolleren gebauten Umwelt, sondern nur zu einer mechanisch nivellierten. Architektur hat mit Leben zu tun, und nur mit Leben, das nicht universell eingeschränkt werden kann: Es ist grundsätzlich spezifisch und als solches phänomenal.
Diese Tendenz zeigt sich wieder am deutlichsten im Wettbewerbsverfahren, bei dem eine Reihe von Experten eine vorläufige objektive Untersuchung vornimmt, an anonyme Einreichungen [+]- und [-]-Bewertungen vergibt und dabei die Mehrheit nicht professioneller Juroren stark beeinflusst. Zusätzlich neigen der systematische, trügerische Unanimismus, der vor jeder demokratischen Debatte abschreckt, um ein reibungsloses Verfahren zu garantieren, der Deckmantel der Anonymität und die weite Verbreitung technokratischer Jurys dazu, das Architekturprojekt als abgesichertes Produkt zu verurteilen.
Noch ein anderer Aspekt kann ins Feld geführt werden: Es besteht kein Zweifel, dass der *oikos* nun die Führung über die *polis* übernommen hat, und zwar nicht nur in der Architektur, sondern auch bei den meisten Entscheidungsfindungen. Und natürlich gibt es vielschichtige Gründe dafür, doch es ist irgendwie paradox, darüber nachzudenken, was der griechische *oikos* war, nämlich ein häuslicher Bereich, der der politischen Mitsprache beraubt war. Heute kann man mit solch einer politischen Konstellation schwerlich konform gehen, da die Interessen im privaten Sektor die meisten Entscheidungen steuern. Man muss Joseph Stiglitz zu den Wirtschaftsstrategien unter der Regierung Bill Clintons hören [*Où va le monde M. Stiglitz?*, Jacques Sarasin, Challenges-DVD], um langsam zu verstehen, was gerade geschieht – natürlich ist das Phänomen in den Vereinigten Staaten, wo eine konstitutionelle Demokratie von unten nach oben auf Privatinitiativen aufgebaut ist, noch akuter: Die politischen Entscheidungsträger sind sozusagen die Körperschaften, deren einziges Ziel wieder der kurzfristige Profit ist.

Es ist auch ziemlich klar, dass der Stadtplatz nicht nur seine öffentliche Notwendigkeit, sondern auch seine politische Bedeutung verloren hat, und die Strasse steht nun unter dem Regime privater Interessen. Die Diskrepanz zwischen architektonischen, politischen und wirtschaftlichen Zeiten hat sich derart vergrössert, dass jedes Projekt, das sich über eine Legislaturperiode hinauszieht, sehr stark schwankenden Verhältnissen ausgesetzt ist. Solche Veränderungen haben unvermeidlich den Beruf selbst beeinflusst: Die atomisierte Autorität hat den Architekten als einen *Spezialisten* zurückgelassen, der von den widersprüchlichen Vorgaben wirklicher Technizisten und zweifelhaften Vorteilen überfordert ist. Architektur sollte deshalb weitgehend unabhängig und kritisch bleiben, das heisst, einer Komplexität gewahr, die ausserhalb ihrer Expertise liegt.

Würden Sie Unabhängigkeit als Autonomie definieren?

Ich würde es nicht als Autonomie bezeichnen, und zwar teilweise aus dem terminologischen Grund, dass Autonomie vor einigen Jahrzehnten im Schweizer Kontext gebraucht und missbraucht wurde. Die Architektur selbst ist natürlich niemals ganz und gar unabhängig, da sie im Wesentlichen eine Reihe von Zugeständnissen ist und es nicht so etwas wie eine nicht-referenzielle oder absolute Architektur gibt. Doch man kann noch zwischen einer blinden Gefolgschaft gegenüber zeitgenössischen Forderungen und Erwartungen und einer kritisch artikulierten Herangehensweise wählen.

Welches Regime erleben wir Ihrer Meinung nach gegenwärtig?

Vielleicht eine Art nivelliertes aristokratisches System. Natürlich lässt sich die Analogie nicht auf all seine Aspekte anwenden, doch sie kann aufschlussreich sein. Ein Kennzeichen aristokratischer Prinzipien ist, dass sie von niemandem befolgt werden können und auch nicht dazugehören. Der *gesellschaftliche Fahrstuhl*, die Fähigkeit, innerhalb einer vorgegebenen Struktur durch eigene Mittel aufzusteigen, existiert derzeit offensichtlich nicht. Das könnte gut eine Übertreibung sein, doch man kann in der heutigen Architekturproduktion eine Reihe von hyperbolischen Ausnahmen beobachten, die ausserhalb ihrer kontextabhängigen Struktur nicht aufrechterhalten werden können. Oder mit anderen Worten: Die führenden Persönlichkeiten in der Architektur produzieren keine Modelle, von denen man nicht nur lernen kann, sondern deren Eigenschaften potenziell auch auf andere Umstände angewandt werden können.

In seinem *ABCédaire* beschreibt Gilles Deleuze dies auf geistreiche Weise, indem er den Tennissport der 1970er Jahre und dessen Helden dienstverpflichtet: John

McEnroe, der Aristokrat, der Schläge erfand, die niemand jemals kopieren konnte, und Björn Borg, der Proletarier, dessen Spielschema zwanghaft einfach blieb, und man es deshalb nachahmen konnte. Und wenn man solch eine Behauptung wagen würde, dann könnte man sagen, dass die modernistische Bewegung eine proletarische war, die danach strebte, Modelle zu produzieren, die zur rechten Zeit und am rechten Ort nochmals realisiert werden konnten. Und das war an eine ähnliche Entwicklung gebunden: an ein nivelliertes Formenrepertoire und die anschliessende umfassende Umsetzung seiner vorgegebenen Prinzipien.

Man könnte sogar noch näher auf die Analogie eingehen und fragen, ob die aktuelle Situation eher zu einer rechtsgerichteten oder zu einer linksgerichteten Einstellung tendiert. Und in diesem Zusammenhang könnte man sich auch wieder auf das *ABCédaire* beziehen: Gilles Deleuze zufolge gibt es nichts, was man wirklich als linksgerichtete Regierung bezeichnen könnte, weil eine Mehrheit, jede politische Mehrheit, zwangsläufig das voraussetzt, was er ein *étalon* nennt, das heisst, einen *Standard*, der im Bereich der Politik Mensch - Erwachsener - Stadtbewohner wäre. Und jede Regierung respektive jede Mehrheit bemüht sich darum, alles zu tun, dass es so bleibt. Rechtsgerichtet oder konservativ zu sein, bedeutet daher, mit einem gewissen *status quo* zu wetteifern. Im Gegensatz dazu geht es bei einem Linken immer darum, eine Minderheit zu werden. Wenn wir also die Analogie irgendwie lose akzeptieren, könnten wir behaupten, dass trotz der Tatsache, dass unsere architektonische Zeit wegen der exogenen Instrumentalisierung ihres Produkts nicht *per se* ein formales *étalon* hat, das opportunistische Verhalten ihrer Vermittler, die administrative und legislative Sklerose und die erdrückende Macht konservierender Massnahmen dazu neigen, den derzeitigen Zustand aufrechtzuerhalten.

Wenn Sie versuchen, Gilles Deleuzes Vorstellung des «Widerstands» auf die Architektur anzuwenden, würden Sie dann sagen, dass die Architektur einem dominanten Regime gegenüber Widerstand leisten sollte?

Die Rolle der Architektur besteht nicht darin, Widerstand zu leisten, und sie kann sich auch gar nicht widersetzen. Ihr Vermittler, der Architekt, kann das andererseits: am grundsätzlichsten als Bürger, aber auch in seiner Disziplin selbst, indem er durch den Entwurf das entsprechende Wesen zeitgenössischer Erwartungen und Leidenschaft hinterfragt. Widerstand und Kritizität lassen sich nicht auf Objekte anwenden, doch sie können zu einer methodologischen Macht werden auf dem Weg, Realität zu bauen. Man muss aufmerksam und wachsam bleiben, um mit Treffsicherheit schöpferisch zu werden.

Architektur ist einfach nicht genug: Man wünscht sich, dass der Beruf innerhalb der Disziplin stärker *politisch* beteiligt würde und weniger von einer fetischistischen Körperschaft hätte.
Indem man das eigene Territorium verlässt, versorgt man sich mit äusseren Problematiken, was eine Kritikalität auslöst, die weit über eine konstruktive Ordnung oder eine bestechende Plastizität hinausgeht. Man kann dann zu seiner eigenen Expertise zurückkehren, die mit dem verantwortungsvollen Bewusstsein aufgeladen ist, spezifische Interessen zu organisieren und sich vorherrschenden Standards zu widersetzen.

... Architektur wäre eine Art Waffe?

Absolut. Und wenn Gilles Deleuze und Felix Guattari über die *machine de guerre* sprechen [G. Deleuze und F. Guattari in: *Tausend Plateaus. Kapitalismus und Schizophrenie*, Berlin, 1993], dann meinen sie natürlich kein Instrumentarium, um Menschen auszulöschen, sondern eine Vorrichtung, um sofort positiv und kritisch zu agieren.

Auf diese Art und Weise wird man ausserdem eher ein Akteur als ein Urheber; und das steht irgendwie in Zusammenhang mit dem, was Sie als Professor lehren, und mit Ihrer Haltung gegenüber dem, was es bedeutet, ein Architekt zu sein. Ist das eine Art formalen Widerstands?

Nicht nur. Es wäre für Studenten lohnend zu realisieren, dass sie politische Akteure und nicht so sehr formalistische Schöpfer werden. Und vor dem Hintergrund von Thomas Hobbes' *Leviathan* ist es ziemlich klar, dass wir Architekten keinerlei Autorität besitzen, sondern dass es durch eine Vertragsbeziehung immer eine künstlich gewährte ist.
Bei Made in sind wir hauptsächlich daran interessiert, dass wir die Welt, in der wir leben, zu verstehen suchen. Und dafür muss man akzeptieren, dass das, was einem gewöhnlich als Grundlage für eine Projektentwicklung vorgegeben ist, einfach nicht ausreicht, um relevante Themen zu behandeln. Mit anderen Worten: Das Problem muss vom Architekten selbst künstlich aufgebaut werden. Wir halten den Architekten für eine Art Vermittler oder Moderator, und die Architektur kann tatsächlich eine katalytische Funktion haben, jedoch nicht zur Problemlösung, sondern vielmehr zum Aufwerfen von Fragen und zur Aufdeckung und Inszenierung von Potenzialen. Sie kann viel bewirken, doch es besteht vielmehr die Tendenz, sie entweder zu unterschätzen oder zu überbewerten. Nur sehr selten steht der Zeiger an der richtigen Stelle.

Denken Sie, dass wir unsere Achtung vor der Urbanistik verloren haben, weil die Architektur den Kräften der herrschenden Klasse nicht entgegengewirkt hat?

Ich weiss nicht, ob wir unsere Achtung verloren haben, doch es ist ganz offensichtlich, dass Urbanistik zu einem völlig nutzlosen Wort avanciert ist und dass technokratischer Widerstand und Bürokratie es unterjocht haben. Doch wir neigen dazu, zu vergessen, dass Städte und städtische Kontexte, die wir als Bürger bewundern, in den meisten Fällen durch autoritäre beziehungsweise amtliche Beschlüsse ins Leben gerufen wurden. Und häufig waren solche Veränderungen ebenso destruktiv wie konstruktiv: Haussmanns Paris ist modellhaft für solch einen Wandel.
Unsere Demokratien und ihr komplexes System antagonistischer Kräfte verhindern nun, dass solche Visionen Wirklichkeit werden. Und mit Sicherheit ist die Welt, in der wir leben, in vielerlei Hinsicht ein besserer Ort, als er einmal war. Doch Urbanistik als eine utopische Kraft hat endgültig ihre Lebendigkeit verloren. Und alle Machbarkeitsstudien beugen sich den Vermittlerautoritäten, die jede Erkenntnis zu einer Summe von Kompromissen verurteilen.
Ferner ist die Rahmenstruktur negativ definiert: Parametrische Komponenten haben verdrängte Visionen von *eu*-topia, und eine sogenannte Objektivität hat jede anspruchsvolle Überschreitung ausser Kraft gesetzt.

Könnte dies einer der Gründe sein, weswegen Architekten in den Osten gehen, wo mehr autoritäre Systeme regieren?

Ich halte es für möglich, dass Architekten sich tyrannischeren Regimen zuwenden, um einen Teil dieser verlorenen Emanzipation zurückzuerobern... mit geringem Erfolg, nicht nur, weil es anachronistisch ist, eine Art *despotisme éclairé* zu suchen, sondern auch, weil wir unsere Fähigkeit verloren haben, Urbanistik selbst unter dem Aspekt kompositioneller Notwendigkeiten zu denken.

Denken Sie, dass es das Ziel der Architektur sein könnte, die politischen Kräfte zu warnen, wenn sie nicht frei sind, wenn sie von der herrschenden Klasse abhängig sind und folglich wenn sie nicht in der Lage sind, städtische Probleme richtig zu behandeln?

Nein, ich denke das nicht. Das würde bedeuten, die Rolle der Architektur zu missverstehen, was bestimmt nicht als Warnung fungieren kann. Doch man kann durchaus komplexe Themen im akademischen Kontext untersuchen sowie jungen Bürgern und aufstrebenden Architekten die Hilfsmittel bereitstellen, um die Welt, in der sie leben, besser zu verstehen: Von daher kann eine Lehrtätigkeit, wenn nicht präventiv, dann doch zumindest informativ sein.

Der Kerngedanke bei den Semestern an der ETH [*Porträts I-IV*, 2011-2013] bestand gerade darin, problematische Bedingungen zu untersuchen und die Architektur zu deren Darstellung zu verwenden. Doch wir haben sie niemals als wirksame Massnahme betrachtet, um Probleme zu lösen, sondern sie vielmehr als eine Art teleskopische Hinterlassenschaft angesprochen: fernab von ihrem Fokus, jedoch in der Lage, ein breites Spektrum zu scannen. Entsprechend lag die Spezifizität der Serie in der Verbindung von wechselseitig erleuchtenden, doch scheinbar antagonistischen Programmen. Die Methode verlangte keine Geschichtstreue, da die Quellen und Fakten absichtlich so aufgebaut waren, dass sie einem mindernden Zweck dienten. Diese akademischen Semester zielten darauf ab, gegensätzliche Begegnungen zu bewerten, und gegenseitige Befruchtung als Schlüsseleigenschaft im Entwurfsprozess hervorzuheben.
Porträts I [Flughafen/Gefängnis] behandelt die Lage der *Kontrollgesellschaft*, worauf zum ersten Mal William S. Burroughs in den 1960er Jahren verwiesen hat und was später von Michel Foucault in *Überwachen und Strafen: Die Geburt des Gefängnisses* [Frankfurt am Main 1976] wirklichkeitsgetreu dargestellt wurde.
Porträts II [Finanzwesen/Religion] untersucht die religiöse Dimension der Finanzwelt anhand des Schuldbegriffs, der von dem Anthropologen David Graber thematisiert wurde [*Schulden: Die ersten 5.000 Jahre*, Stuttgart 2012], sowie anhand von Bruno Latours und Vincent A. Lépinays Einführungsessay zu Gabriel Tardes Wirtschaftsanthropologie [*Die Ökonomie als Wissenschaft der leidenschaftlichen Interessen: Eine Einführung in die ökonomische Anthropologie Gabriel Tardes*, Berlin 2010].
Porträts III [Territorium/Politik] war sogar noch ambitionierter, um nicht zu sagen habgierig, da wir vorschlugen, die städtische Struktur vor dem Hintergrund politischer Philosophie einzuschätzen, in der Überzeugung, dass die Art und Weise, wie unsere Gesellschaften organisiert sind, in hohem Mass die Charakteristika unserer gebauten Umwelt bestimmen.
Porträts IV [Architektur, literarisch] schliesslich versuchte, fiktionales und als solches hyperbolisches Leben durch eine Reihe literarischer Werke wahrzunehmen, in denen architektonische Merkmale das definierten, was man als *Milieu* bezeichnen kann.

Man kann anhand dieser Beispiele sehen, wie weit hergeholt diese Themen für junge Bürger und Architekten sein müssen... doch auch für uns Lehrer. Die Frage ist: «Was ist nun die eigene Sachkompetenz, wenn man sich mit Literatur, politischer Philosophie oder Finanzwesen beschäftigt?» Wir glauben, dass man nicht zwingend ein Experte sein muss, um sich in solchen Gebieten zu engagieren. Das Gegenteil zu behaupten, würde bedeuten, jede Disziplin als abgeschottet in ihrem eigenen Sachverständnis zu betrachten... Das wäre äusserst arm. Doch natürlich leben wir gerade in einer Zeit, in der die Figur des Spezialisten regiert, und wir glauben nicht, dass der Architekt einer werden sollte. Wenn überhaupt, dann eher ein unverhohlener Generalist, der offen ist für die Probleme seiner Zeit und eine Brücke über mehrere Studiengebiete schlägt. Ausserdem besteht die Notwendigkeit, der Vorherrschaft des *homo faber* über den *homo sapiens* zu widerstehen, da wir heutzutage dazu tendieren, alles, was nicht sofort gewinnbringend ist, zur Nebensächlichkeit zu verbannen: Doch das ist ebenso wesentlich für die Entwicklung einer angemessenen Architektur. Schlussendlich ist es wirklich eine Sache der Wahrnehmung und nicht der Expertise. Wissenschaftliche Ausbildung könnte diese Transversalität fördern und bis zu einem gewissen Grad die Ausbildung von Spezialisten Fachschulen überlassen.

Könnte diese Transversalität und wechselseitige Befruchtung der geheime Vermittler von Fantasie sein?

Das könnte in der Tat so sein. Fantasie hat sehr wenig mit der eigenen Fantasie zu tun. Sie besteht vielmehr in der Fähigkeit, heterogene Quellen katalytisch aufeinander zu beziehen, wobei eine Organisation mehr ist als die Summe all ihrer Teile. Made in arbeitet an der Inszenierung von Spannungszeichen, deswegen besteht unser Interesse nicht nur an Themen, die Architektur als eine Disziplin übertreffen, sondern auch an der Geschichte als verschränktem Kontinuum, das potenziell reaktiviert werden kann. Faulkner drückt dies auf elegante und unmissverständliche Art und Weise aus, wenn er schreibt, dass die Vergangenheit nicht tot und noch nicht einmal vergangen ist; die Vergangenheit ist die Gegenwart.

Was meinen Sie damit, wenn Sie sagen «Wir arbeiten für die Geschichte»?

Ich meine damit nicht wir als Made in, sondern wir Architekten. Was wir sagen wollen, ist, dass man ein anderes Ziel haben sollte, als für die eigene Befriedigung oder gar die eines Kunden zu arbeiten. Diese Art der Erfüllung ist ein allzu oberflächliches Ziel. Als ob es keinen anderen, besseren Grund gäbe, weil Architektur länger Bestand hat als die eigenen Erwartungen und deshalb an eine andere Verpflichtung oder sozusagen an eine andere Nachhaltigkeit gebunden ist, nämlich die der städtischen Form. Es ist wieder eine Frage der Wahrnehmung und hat nichts mit Selbstgefälligkeit zu tun.

Es geht, nach dem, was von früheren Generationen geschaffen wurde, nun in Richtung einer neuen Form von Humanismus, und das wird als Schritt nach vorne betrachtet...

Ich kann nur sagen, dass ich wünschte, dass es so wäre. Doch es ist gewiss kein Rückschritt. Die Geschichte, ihre Gültigkeit und Dringlichkeit zu hinterfragen, bedeutet, nach Erkenntnis jenseits der eigenen unmittelbarsten Bedürfnisse und Instinkte zu suchen: Letztlich ist es eine sehr überlegte Herangehensweise an Architektur.

François Charbonnet lebt und arbeitet als Architekt in Genf und Zürich.

Friedrich Nietzsche

Dynamisches Schema der Zeit

1873

1-4 François Charbonnet

Outlining Manner

2016

URHEBER / AKTEUR

In Kapitel XVI seiner Schrift *Leviathan – Vo*
Hobbes die Person als «wer für sich oder i
entsprechend grenzt er zwei Unterkategorie
türlichen Person – wenn es mit eigenen W
Person – wenn diese die Worte und Handlur
er: «Werden die Worte und Handlungen des
angesehen, in dessen Namen jener handelt,
aber, dessen Stelle er vertritt, die Hauptpe
und Besitzungen versteht, wird bei Worten
Recht des Besitzers heisst Herrschaft, und
Übersetzung zit. nach: Thomas Hobbes, *Lev*
kirchlichen und bürgerlichen Staates, hrsg
1936).

Die Unterscheidung zwischen Urheberscha
die Hauptfragen nach dem *Was?* und nach
Punkt ist nicht der, einen literarischen Beg
nes Inhalts anzuwenden, sondern vielmehr
potenziellen Angemessenheit im Bereich c
informiert uns Hobbes' grundsätzliche Aus
torität im Wesentlichen auf einer Zulassun
vorgegebenen Programmatik, von wirtscha
angetrieben von exogenen Notwendigkeit
entschieden, eine bestimmte Handlung im
Der Architekt ist ein politischer *Akteur*.

rsonen und Haupt-Personen (1651) definiert
ımen eines andern etwas betreibt […]» und
neinander ab: die der *eigentlichen oder na-*
geschieht – und die der *stellvertretenden*
eines anderen repräsentiert. Ferner erklärt
vertreters von demjenigen als seine eigenen
t der Stellvertretende der Unterhändler, der
Was man unter dem Wort Herr bei Gütern
Handlungen die Hauptperson genannt; das
echt zu Handlungen Vollmacht.» (Deutsche
an oder Von Materie, Form und Gewalt des
eingeleitet von J.P. Mayer, Zürich/Leipzig

nd Ausführung polarisiert sinnvollerweise
Wie?, nach dem *Inhalt* und der *Form*. Der
uf irgendeine ehrgeizige Anerkennung sei-
hypothetisch eine begriffliche Absicht ihrer
rchitektur zu unterwerfen. Und als solche
über die Lage des Architekten, dessen Au-
einem Auftrag beruht. Abhängig von einer
ıen und gesetzlichen Voraussetzungen und
berträgt die Architektur ihrem Vermittler
ıen und im Interesse von (x) auszuführen:

TRAGÖDIE / KOMÖDIE

Im zweiten Buch von Serlios *Regole gene*
bild einer Tragödie eine Reihe von Gerich
cher Architektur auf, die entlang der stren
sind und mit einem Triumphbogen absch
gehindert zum Fluchtpunkt geht. Dem S
flächige Reihung so angeordnet, dass die
und Frontalansichten der repräsentativen G
dass das Öffentliche vor dem Privaten Vorr
Treppen auf die Bühne.
Die Bühne für die Komödie hingegen z
Fassaden und Arkaden, die zusammenh
greifen. Hier gibt es keinen Konvergenzp
religiösen Kultstätte als das freispreche
ten, die nach Aufmerksamkeit heischen.
führen, veranschaulichen die augenschein
Privatsphäre. Als Ergebnis der transvers
schaftlichen Horizonts und ihres inferen
den Angriffen privater Interessen unterv
polis respektive des *Produktes* über der
wachsenden Reihe zweifelhafter Zeichen
Die moderne Stadt, die sich unter dem
portunismus sowie dem Zwang zur Sicht
gekehrt: Die Komödienkulisse ist nun ihr

di Architettura (1545) weist das Bühnen-
bäuden, Kriegsdenkmälern und bürgerli-
Achse einer Zentralperspektive angeordnet
sen, durch dessen Öffnung der Blick un-
senverlauf streng untergeordnet, ist die
änge senkrecht zur Strasse abgestuft sind
se vermieden werden. Zur Untermauerung,
hat, führt ein Paar nach aussen gerichteter

eine unruhige Abfolge von Eingängen,
s in den zentralen *politischen* Leerraum
t, doch die reich verzierte Vorhalle einer
Zeichen für eine Sammlung von Artefak-
ammenlaufende Treppen, die zur Bühne
Unterwerfung des Öffentlichen unter die
kapitalistischen Konformität, ihres wirt-
Individualismus hat die Stadt sich lange
n. Die Überlegenheit des *oikos* über die
zess hat den städtischen Inhalt zu einer
adiert.
tgefälligen Lachen eines zügellosen Op-
eit beugt, hat der Tragödie den Rücken
zige Bühne.

ORIGINAL / REPERTOIRE

Ein Nebenprodukt der durchdringenden T
Bedürfnis nach *Neuem*, und damit entspric
dem *Produkt* – das für den Konsum best
werden muss –, sondern auch den sich s
während Aristophanes' Rhetorik heute k
wir von Antigones tragischem Wagemut i
Indem sie sich einem häufig belanglosen A
Grossstadt jeden bedeutungsvollen Unte
rechtmässige Dissonanzen sind an die Vo
Kennzeichen für Einzigartigkeiten gebun
Die erste und gängigste Bedeutung des w
repertorium – Lagerhaus – ableitet, ist c
Bereich oder von einer Art verfügbar sind
Repertoires, sozusagen seine Bandbreite
Expertise, besteht sein wesentlichstes
Repertoire ist ein *Potenzial*, das ständig
In ihrer Suche nach einer dynamischen Bet
eines kollektiven Gedächtnisses und der
widersteht, tritt die *Methode* für einen ab
Grundprinzipien ebenso wie ihren Misserfo
inexakte Figuren, das heisst, inexakt im V
Guattari in *Tausend Plateaus. Kapitalismu*
Geschichte ist ein Rhythmus.

ralik der Grossstadt ist ihr unermüdliches
e nicht nur dem Wesen ihres Ergebnisses,
t ist und deshalb immer wieder erneuert
ll entfaltenden Regeln komischer Züge –
noch irgendeine Heiterkeit auslöst, sind
r noch bewegt.
rssein hingeben, scheinen die *Akteure* der
ed kaum lesbar gemacht zu haben: Doch
etzung der *Wiederholung* als dominantes

Repertoire, das sich vom spätlateinischen
samte Palette von Dingen, die in einem
ofern als die vielfachen Identitäten eines
antwortlich sind für seine vielgestaltige
but doch aus seiner Verfügbarkeit: Ein
tiviert werden kann.
ung der Zeit, die der kontemplativen Sicht
lisierenden Offenlegung von Ereignissen
nenden Umgang mit der Geschichte, ihren
ein und erzeugt inexakte Figuren – streng
n und nicht durch Zufall (G. Deleuze & F.
Schizophrenie, Berlin, 1993).

HOMO FABER / HOMO SAPIENS

«Gib mir einen Platz zum Stehen, und ich wer
Information, in der eine anspruchslose Loyal
sender Datenmengen und eine sogenannte «Ö
der überwiegenden Mehrzahl von Entscheidu
zitierte Bemerkung des Archimedes (in: *Samm*
nen anderen Standpunkt nahe. Als Widerhall
Auf der Suche nach der verlorenen Zeit wird h
seinem Subjekt zu entfernen, um zu einem grö
am Rand seines Zuständigkeitsbereichs befind
menkomplexität macht, erfasst Zeichen trans

Genau wie das gesegnete Kind widerstreiten
Programm, Eitelkeit – unterdrückt der Zustar
paradoxen Gestalt, nämlich zu einem *grundl*
mittler auch auf eine zwingende Formbarke
rungen auseinanderzusetzen. Doch die unmö
manent unausgewogene Vorherrschaft des *h*
utilitaristischen Entscheidungen zu einer triv

Geleitet von exogenen und widersprüchliche
facher herrschender Interessen, hat die Sac
nicht so sehr aus Neigung viele Gesichter. D
fenden Wesens städtischer Umwelt bewuss
Leidenschaft unserer Zeit erwehrt, ist der le

e Erde bewegen»: In einer Zeit unermüdlicher
vissenschaftlichen Könnens gegenüber wach-
mie der Aufmerksamkeit» die Rechtmässigkeit
diktieren, legt die von Pappos von Alexandria
oder Synagoge, Buch VIII, ca. 340 v.Chr.) ei-
netaphorischen Teleskops von Marcel Prousts
ızu ermahnt, den Betrachter ganz bewusst von
en Einfluss anzuregen: Der Betrachter, der sich
d sich Gedanken über die erfrischende Phäno-
er Veränderungen.

orfahren – Wirtschaft, Umwelt, Gesellschaft,
r Architektur nicht nur ihr Erzeugnis zu einer
den Konsens, sondern beschränkt ihren Ver-
ı sich kritisch mit widersprüchlichen Forde-
ıe Aufteilung von Kompetenzen und die per-
aber über den *homo sapiens* haben alle nicht
Untersuchung degradiert.

forderungen und am Konvergenzpunkt viel-
ıtnis des Architekten aus Notwendigkeit und
chitekt, der sich des generationen*übergrei*-
und sich entsprechend der unmittelbarsten
Generalist.

BÊKA

LEM

A &

OINE

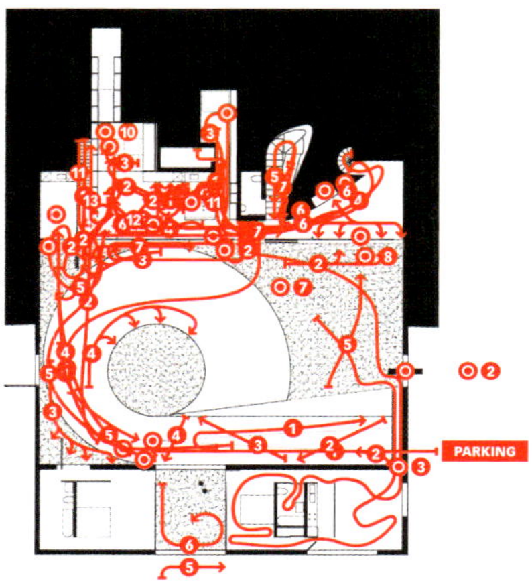
PARKING

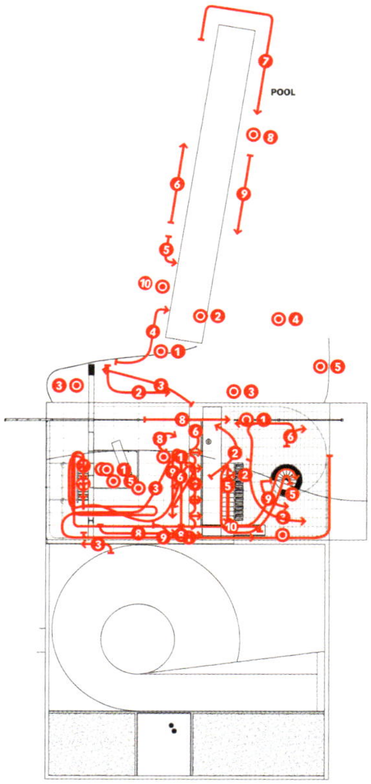
POOL

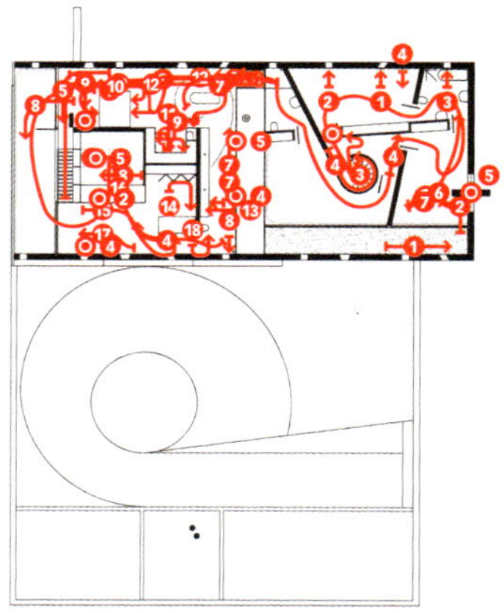

Ich stelle mir vor, dass die Rolle eines Fachmanns dem Bewusstseinszustand entsprechen sollte, in dem man sich dessen sicher fühlt, was man tut, und man über ein gewisses *savoir faire* verfügt, das einem erlaubt, sich von dem Gegenteil, dem Amateur, der hingegen immer noch improvisiert, zu unterscheiden. In dieser Hinsicht könnten wir noch Amateure sein, da für uns die Improvisation fundamental ist. Unsere Filme wurden vorwiegend von Begegnungen mit Leuten gemacht, die wir vor Ort angetroffen haben, und aus diesem Grund können wir nichts vorhersagen. Es wäre für uns unlogisch, ein Skript zu schreiben, bevor wir mit dem Filmen beginnen. Wenn wir an einem Ort ankommen, wo wir einen Film drehen möchten, dann versuchen wir zuerst, in seine Atmosphäre einzutauchen, bemühen uns, alles bis ins kleinste Detail einzusaugen, was uns umgibt. Eine Referenz, die wir immer im Hinterkopf behalten, sind die Wege der Situationisten und ihre städtischen Projekte. Ein Beispiel ist unser erster Film *Koolhaas Houselife*, in dem wir einige Wochen lang die Putzfrau Guadalupe Acedo im Haus beobachtet und ihre täglichen Wege verfolgt haben. Entstanden ist so eine Kartografie des Ortes, die uns die Deutung der Beziehung erlaubt, die *a posteriori* zwischen ihr, uns und dem Raum besteht. Seitdem haben wir ganz ähnliche Methoden angewandt und immer versucht, durch diese geistigen Kartographien die Identität eines Ortes und die Emotionen zu erfassen, die der Raum bei denen, die darin leben, erzeugen kann.

Dieses Gespräch mit Ila Bêka und Louise Lemoine fand am 20. Februar 2016 via Skype statt.

Die Reihe Ihrer Architekturfilme trägt den Titel *Living architectures*, also «Lebendige Architekturen», ein Titel, der ziemlich offen für Interpretation ist: Man kann darunter Architekturen verstehen, die leben, wie auch die Art und Weise, wie wir in den Architekturen leben und diese erfahren. Ihre Arbeit scheint ein perfektes Gleichgewicht zwischen der Architektur, wie sie durch das Verhalten der Menschen, die sie bewohnen oder nutzen, dargestellt wird, und der Architektur selbst herzustellen. Können Sie uns Ihre Interpretation davon darlegen, indem Sie uns eine Einführung in Ihr Werk geben?

Louise Lemoine: Obwohl wir mit verschiedenen Gebäudetypologien arbeiten – von Wohn- bis zu Bürobauten und Privathäusern –, tauchen wir immer in den täglichen Lebensrhythmus des Gebäudes ein, um so weit wie möglich zum Bewohner zu werden. Wir versuchen sehr stark, in das Leben einer Gemeinschaft einzudringen und eine Art Netzwerk zu schaffen, um dauerhaft zu verstehen, wie ein Gebäude ganz pragmatisch funktioniert, damit man es nicht nur als Architektur, sondern auch in seiner sozialen Dimension erfasst. Unser Ziel ist es, die intime und emotionale Beziehung zu erkennen, die Architekturen mit ihren Bewohnern eingehen können, und die Filme sind als sehr persönliche Tagebücher unserer Wohnerfahrung dort komponiert, sie setzen sich aus subjektiven Eindrücken, Szenen, Situationen und Begegnungen mit Menschen zusammen. Wir versuchen, unter Bezugnahme auf George Perec eine «Anthropologie des Alltäglichen» zu entwickeln in dem Sinne, dass wir winzigen Details und Mikrogeschichten Interesse schenken, die bei der gängigen Architekturdarstellung normalerweise niemals Beachtung fänden, denen unserer Ansicht nach jedoch ein grosses Mass an Poesie innewohnt. All diese Fragmente, aus denen sich unsere Filme zusammensetzen, lassen so ein komplexes und mannigfaltiges Porträt entstehen, das stärker den Geist des Ortes zu vermitteln sucht, und wir bemühen uns, die Lebenswege dessen aufzuzeichnen, was wir als eine emotionale Kartografie der Räume bezeichnen.

Ila Bêka: Die Serie *Living Architectures* ist aus dem Wunsch heraus entstanden, die Darstellungsweise von Architektur zu erweitern, das Verhältnis zwischen Raum und Körper zu erfassen.
Wir fanden und finden immer noch, dass dieses Verhältnis im Bereich der Architekturdarstellung nicht hinreichend untersucht wurde, während es gegenwärtig ein zentrales Anliegen ist, wie die fragliche Architektur in Wirklichkeit verstanden wird.

Architektur begrenzt einen Raum, der konzipiert wurde, um die Bewegung von Körpern darin aufzunehmen.
Architektur ist letztendlich häufig ein Designobjekt, das in keinerlei direkter Beziehung zu seinen künftigen Bewohnern steht. Die visuellen Darstellungen von Entwürfen, denen noch eine materielle Form verliehen werden muss, stützen sich fast immer auf Kamerabewegungen, die niemals die wirkliche Bewegung eines menschlichen Körpers wiedergeben. Es sind Vogelschauperspektiven, Blickwinkel, die eine Person niemals einnehmen kann, und nicht existierende Perspektiven, die zu einer idealisierten Darstellung führen, die nicht die gleiche Art von strenger Beziehung haben kann, wie sie der Körper letztlich innerhalb des Raums haben wird. In Anbetracht all dessen beschlossen wir, dass wir eine neue Herangehensweise etablieren wollten. Dafür dienten uns diese Überlegungen als Ausgangspunkt, das heisst, wir wollten einen Raum durch ein Massstabsverhältnis zwischen Mensch und Architektur beobachten, erfassen und interpretieren, und so entschieden wir uns sofort, dafür Bewegung im Raum einzusetzen.
Zu Beginn beschlossen wir, jemanden zu verfolgen, der sich in einem Raum bewegt. Das Beobachten dieser Person ist die erste Phase, da die Bewegung offenbart, wie der Raum organisiert ist und wie die Person jeden einzelnen Aspekt von diesem erlebt. Unser erster Film [*Koolhaas Houselife*, Anm. d. Verf.] ist eine recht akademische Interpretation dieser Herangehensweise: Wir brauchten jemanden, der uns ins Innere des Raumes mitnehmen würde, sodass wir diesen mit seinen Augen und, was noch wichtiger ist, durch seinen Körper lesen könnten.
Für *Koolhaas Houselife* positionierten wir uns hinter einer Frau, die in diesem Raum arbeitete: Guadalupe ist die Putzfrau eines Hauses, das kein gewöhnlicher Ort ist, sondern ein Prototyp. Wir wollten über einen architektonischen Prototyp arbeiten, der als höchste Qualität erachtet wird - immerhin ist Rem Koolhaas Gewinner des Pritzker-Preises -, und selbst heute finden wir diesen Aspekt des Prototyps in der Architektur wichtig, da der Wille, den Status von Dingen zu verändern, ein inhärenter Teil des Prototyps ist. Auf diesem Qualitätsniveau sehen wir einen Versuch, Raum zu optimieren und unsere Gewohnheiten zu ändern. Wären wir in ein x-beliebiges altes Haus gegangen und hätten dort den gleichen Film gedreht, dann hätten wir nicht über das reflektieren können, was uns tatsächlich interessierte.

LL: Kultursprachlich repräsentierte Guadalupe alles, was die elitäre Welt der Architektur nicht war. Der ganze Film ist von diesen Kontrasten abhängig, mit denen zu beginnen, eigentlich ziemlich einfach war. Bei der Besprechung des Films richteten einige Magazine ihr Augenmerk nur auf diesen inhärenten Widerspruch zwischen der Putzfrau und dem architektonischen Meisterwerk, obwohl unsere Intention am Anfang gar nicht so simpel war.

Die Wahl leitete sich auch von dem Umstand ab, dass Guadalupe durch die Arbeit in dem Raum diesen auf einer ganz anderen Ebene erlebte, als es die normale Erfahrung gewesen wäre, in einen architektonischen Raum dieser Qualität eingeführt zu werden. Ausserdem gab ihre Funktion innerhalb dieses Raumes ihr die Art von Freiheit, die andere nicht gehabt hätten. Sie verlieh ihr sogar eine gewisse Legitimierung zu diesem Gespräch. Wir wollten uns genauer auf das architektonische Bild in seiner wirkmächtigsten Form konzentrieren. Da man ein Gebäude nur selten aus eigener Erfahrung erleben kann, vermag die Wirkmacht des Bildes, Erkenntnis über ein Gebäude zu vermitteln, obwohl seine Funktion weit über jede pragmatische Funktion reicht.
Wir haben viel an dieser Idee gearbeitet, das Wissen das wir von diesen Räumen haben, zu verändern, und beschlossen, dass die Darstellung all diese Aspekte zeigen würde, auf die man normalerweise verzichten würde: unter Einbeziehung des Gewöhnlichen das Alltägliche und Banale eines idealisierten Raumes. Wir wollten eine Umkehr in diesen Beziehungen zwischen der Hierarchie und historischen Bedeutung eines Gebäudes und seiner Darstellung erreichen durch die Spannung zwischen einem Raum, der unsere Gewohnheiten verändert, und den Menschen, die von einem kulturellen und professionellen Standpunkt aus zunächst keine Bindung zu architektonischen Themen haben.
Wir versuchten, den Fokus auf all die Dinge zu verlagern, die man gewöhnlich nicht in Darstellungen sehen würde, da ein allgemeiner Konsens herrscht, dass reine Bilder der beste Weg sind, die Intention des Architekten aufzuzeigen. Andererseits wollten wir das Gebäude in seinem Zustand nach Nutzung zeigen, und gleichzeitig existiert auch die Vorstellung von einem Leben, welches das Gebäude selbst gelebt hat. Gebäude mögen durchaus überwältigend sein, wenn sie offiziell eröffnet sind, doch sie beginnen dann ihr Eigenleben, und von diesem Moment an beginnen sie auch, ihre ersten Probleme zu erleben, und wir wollten das eigentliche Gebäude wie einen Körper behandeln.
Jeder Architekt weiss, dass Gebäude ein Verfallsdatum haben und ein Leben, das seine eigenen Probleme mit sich bringen kann, und die Erhaltung der Immobilie ist ein komplizierter Fall. In einem Gebäude wie dem Maison in Bordeaux dachten wir, dass es auch wichtig wäre, diese Seite zu untersuchen: den Mechanismus und die Schwierigkeit seiner Erhaltung, sodass alle mechanischen Teile richtig funktionieren.

IB: Wenn man das Gebäude mit einem lebenden Organismus verbindet, dann muss man auch ein Auge darauf haben, welche Art Probleme ein Organismus hat. Es gibt keine Krankenhäuser für Architektur, es ist so, als ob das Krankenhaus dem Gebäude einen Hausbesuch bezahlen würde. Wir interessierten uns auch für diesen Aspekt, und ein Teil des ersten Films handelt eigentlich von den Krankenschwestern des Hauses. Von den Menschen, die es betreuen und die schauen, dass es funktioniert.

Guadalupe selbst ist eine Art Teil des Personals...

IB: Genau genommen ist sie eine Art Dienerin. Doch es geht noch darüber hinaus: Wir wollten, dass es einen freieren Diskurs über Architektur gibt. Wir glauben, dass das Reden über Architektur genau wie in vielen Sparten innerhalb des künstlerischen Bereichs sehr stark die Domäne einer Elite ist, während diejenigen ausserhalb der Führungskreise nur wenig Anspruch darauf haben, zu Wort zu kommen. Und während es gerade noch akzeptabel sein mag, wenn man über zeitgenössische Kunst oder Musik spricht, finde ich es hingegen seltsam, dass die Diskussion über Architektur noch nicht einmal das Vorrecht der aktiven Architekten ist, sondern stattdessen nur den Bauträgern und Politikern obliegt, wo doch Architektur eigentlich etwas ist, das alle Menschen betrifft. Zeitgenössische Kunst ist schwerlich eine Annehmlichkeit, an der wir uns täglich erfreuen, wohingegen Architektur das sicher ist.
Wir existieren nicht ohne Architektur, wir können nicht ohne sie leben. Wir sind in Architektur geboren, genauso wie wir auch in Architektur sterben werden. Es erschien uns normal, dass sie auf jeder Ebene zur Diskussion offenstehen sollte.

LL: Wir arbeiten im architektonischen Kontext, doch unser Material, mit dem wir arbeiten, sind die Menschen. Ohne ihre Mitarbeit gäbe es keinen Film. Unser Luxus ist die Zeit, die wir vor Ort verbringen, wir arbeiten mit sehr leichtem Material, wir sind nicht eine grosse Kinofilmcrew, und unser Ziel besteht darin, diese Intimität zu erobern, um die authentischste und spontanste Antwort daraus zu bekommen. Wir präsentieren uns nicht als Journalisten, weil Architekturfilme versuchen, einen Platz zu beschreiben und in ihrer Darstellung effektiv zu sein. Das ist nicht das, was wir erwarten. Wir wollen erreichen, ein sehr persönliches Gefühl, wie man dort lebt, zu vermitteln. Wir suchen nicht nach tatsächlichen Antworten, und so können wir einen ganzen Tag mit jemandem beim Teetrinken in seinem Wohnzimmer verbringen und über Kartenspielen oder was auch immer reden. Weil wir es vorziehen, einen Augenblick mit jemandem zu teilen, der dessen Lebensart zum Ausdruck bringt, anstatt einen architektonischen Diskurs über einen Platz zu führen.
Fernab von jeglicher Vorstellung der Darstellung von Macht und Schönheit und Perfektion sind wir interessiert an der Unordnung im Leben.

Sind Sie mit solch einer freien und authentischen Herangehensweise, über Architektur zu sprechen, in akademischen Kreisen in die Kritik geraten? Ich kann mir vorstellen, dass Sie fast wie Bilderstürmer behandelt wurden.

IB: Es gab eine Menge Kritik, die nicht so sehr an uns persönlich gerichtet war, sondern vielmehr an Guadalupe. Von einem bestimmten Standpunkt aus gesehen, gab es offensichtlich die Gefahr, in Populismus zu verfallen, indem man eine Putzfrau zu Wort kommen liess. Doch das wirft die Frage auf, die wir uns selbst stellen sollten – Was sonst gibt es? –, nämlich wie die Dinge gegenwärtig stehen, das ist einfach ein rein elitäres Denken. Wir wollten Grenzen hinterfragen, verschieben, eine Gelegenheit bieten. Wir versuchten nicht herauszufinden, was richtig oder was wahr war, wir wollten einfach die Diskussion eröffnen.
Acht Jahre später haben wir den Eindruck, dass die erzielte Wirkung etwas weniger von diesem elitären Denken hat, mit dem Architektur betrachtet und besprochen wird. Dieser Film war weit verbreitet und wurde in einer ganzen Bandbreite verschiedener Kontexte mit offenen Armen aufgenommen, vor allem von Studenten.

LL: Ein wichtiger Aspekt ist die Art und Weise, wie wir die Begrenztheit der Darstellung infrage stellen, nicht nur durch eine direkte, kritische Konversation, sondern auch durch den Einsatz eines ironischen Stils und von Humor, um den Ton anzugeben. Es herrscht ein riesiger Unterschied zwischen einem direkten Angriff und einer Situation, die ein Lächeln heraufbeschwört, das führt dazu, dass die Dinge sehr viel eher akzeptiert werden. Da wir ausserdem nicht die einzigen sind, die Architektur produzieren, gab uns das auch einiges an zusätzlicher Legitimierung. In der Welt der Architektur ist die Darstellung immer funktional. Es gibt immer Situationen, in denen Bilder für fast pädagogische Zwecke oder für Werbung genutzt werden. Unsere Idee, Filme zu machen, war anfänglich als Experiment gedacht, das eine andere Gelegenheit eröffnen sollte, um einen Raum zu betrachten. Wir haben alles auf den Tisch gebracht, was niemals sonst diskutiert worden war, und hatten auch eine Menge an Freiheit, da wir unabhängig waren und nicht innerhalb eines x-beliebigen institutionellen Rahmens arbeiten mussten.

Nun erhalten Sie Aufträge...

LL: Ja, doch die Art von Macht, die wir nun haben, unterscheidet sich stark. Wenn wir mit einem Auftrag begonnen hätten, hätte das die Dinge verändern können, doch mit diesem Paket von acht selbst produzierten Filmen tauchen wir nun mit einer Werkgruppe auf, die bereits in Bewegung ist. Die Leute, die zu uns kommen, zeigen Interesse daran, wie wir Dinge betrachten, sie geben uns Rückhalt, was dem Wesen nach eher eine Unterstützung ist.

IB: Wir sollten direkt von Anfang an darauf verweisen, dass wir nie gegen etwas waren, wir wollten einfach nur etwas mehr zu dem hinzufügen, was bereits da war. Diese Komplementarität bedeutete auch, dass sie ohne allzu viel Widerstand akzeptiert wurde. Unsere Herangehensweise ist initiativ, und ihr Ziel war, über Themen nachzudenken, die noch nicht untersucht wurden.
Im Anschluss an dieses Anfangsexperiment realisierten wir, dass es ein Potenzial gab, Dinge weiterzubringen. Wir wandten also ursprüngliche Forschungsmethoden auf ein frei stehendes Haus an, und danach überlegten wir uns, wie das in bewohnten Räumen wesentlich kollektiver funktionieren würde. Von dem Haus übertrugen wir dann Dinge auf die Stadt und hielten dabei immer Ausschau nach Gebäuden, die es uns erlauben würden, dieses Verhältnis zu verändern und zu einem anderen Massstab zu wechseln. Wir hatten eine sehr unterschiedliche Bandbreite von Gebäuden mit sehr verschiedenen Nutzern und einer anderen Art der Beziehung sowie mit einem immer stärkeren gemeinschaftlichen Element.
Wenn wir nun gebeten werden, eine Arbeit über ein Gebäude zu machen, das in unser Forschungsgebiet fällt, wollen wir das nicht als Auftrag, sodass das Projekt besser zum Tragen kommt. Es hat mehr von einem Wunsch nach der persönlichen Aufnahme eines Künstlers, der über ein bekanntes Werk verfügt und sich des allergrössten Friedens erfreut. Paradoxerweise haben uns Auftragsjobs mehr Freiheit gegeben als die Filme, die wir zuvor produziert haben. Vorher mussten wir den Leuten in den Gebäuden erklären, was wir hier tun und was wir vorhatten zu tun, und das war nicht immer so einfach. Filme waren immer mit dem Gebiet der Kommunikation und der Werbung verbunden. Wenn sie sahen, dass wir filmen, stiessen wir immer auf Konfrontation oder fehlendes Verständnis. Die Leute bemühten sich, den Zweck zu erfassen, so herrschte reichlich Verwirrung, es war seltsam zu sehen, dass man Forschung mithilfe von Filmen betrieb.
So gelang es uns, durch das Netz zu gleiten, weil unsere Arbeit sozusagen als zum Widersinnigen tendierend betrachtet wurde. Ironischerweise erfreuen wir uns grosser Freiheit, nun da wir Auftragsarbeiten machen.

LL: Wir können uns endlich verstanden fühlen, und als die Barbican Centre Art Gallery ihre Türen für uns öffnete, war das eine Befreiung: Zu guter Letzt wurden diese Arbeitsmethoden als normal betrachtet. Es war am Anfang ein klein wenig ein Kampf, während wir nun eine leichtere Zeit haben.

IB: Wir finden uns tatsächlich inmitten von drei Gebieten - sprich zeitgenössischer Kunst, Kino und Architektur -, und das ist interessant, weil wir immer nach diesem Auftragsaspekt gefragt werden. Soweit es die Architektur anbelangt, so gibt es keine

Arbeit, die nicht eine Auftragsarbeit wäre, was zeigt, dass man sogar frei sein kann, wenn man im Auftrag arbeitet. In der zeitgenössischen Kunst ist die Auftragsvergabe eine gängige Praxis. Man beauftragt einen Künstler mit der Produktion eines Werks, und so funktioniert alles. Es gibt eine Diskussion, doch es gibt auch Freiheit.
In dem dritten Gebiet, dem Kino, herrscht eine grosse Ambiguität: Man hat gedacht, das staatlich in Auftrag gegebene Kino sei die freie Form, das wahre Kino, doch es ist besser, man hat ein Privatunternehmen, das investiert und einen in Frieden lässt auf Kosten von Werbung für etwas durch ein Productplacement. Wenn andererseits der Staat involviert ist – in 99 Prozent der Fälle in Frankreich, in Italien ist weniger Geld da, daher vielleicht in 95 Prozent der Fälle –, kontrollieren sie die eigentlichen Ideen: Bevor sie die Gelder aufbringen, wollen sie wissen, was man zu tun gedenkt.
Man muss ein klares Skript für jede einzelne Szene vorlegen. So gibt es niemals eine wirkliche Freiheit, es sei denn, man finanziert sich selbst, wie wir es getan haben, oder man findet irgendeinen vorurteilsfreien Gönner, doch man muss sie immer prüfen. Wir haben letztlich nicht zahlreiche Filme produziert, weil wir immer noch den tiefen Wunsch verspürten, die Kontrolle zu behalten. Ich geniesse heute wesentlich mehr Freiheit als damals, als ich staatlich finanzierte Filme machte.

Wir haben das Gefühl, dass Sie immer versuchen, Architektur mittels Fragmenten und niemals in ihrer Gesamtheit zu zeigen, sodass die Arbeit als Ganzes erst am Schluss zutage tritt und dem Betrachter die Freiheit lässt, sie zu interpretieren und die einzelnen Stücke zusammenzusetzen. Welche Gründe treiben Sie an, dies zu tun? Als Filmemacher entscheiden Sie bewusst und wohlüberlegt, was sie porträtieren und wie, die Aufnahmen spiegeln bereits Ihren Standpunkt wider sowie die Wahl, wie und was Sie darstellen wollen. Inwieweit erlauben Sie sich selbst, das endgültige Bild, das der Betrachter von dem von Ihnen dargestellten Gebäude haben wird, zu beeinflussen?

LL: Das Fragment, die abgekürzte Form war immer ein charakteristischer Wesenszug von uns beiden. Als Ila mit seinem Selbstunterricht im Kino begann, fing er mit dem kürzesten Kurzfilm an – der knapp eine Minute dauerte –, während ich von einem Forschungsprojekt an der Universität zum Fragment als poetische Recherche in Literatur und Kino kam. Es war wirklich ein formales Interesse an der Effektivität und Poetik der Kurzform.
Wir wollten an einem Architekturfilm arbeiten, während wir uns immer noch mit dieser Untersuchung befassten, wie Architektur zumeist durch die Macht des Bildes dargestellt wird – eine Reflexion darüber, was eine Ikone ist und wie sie visuell aufgebaut ist –, und daher kommt diese Idee der Wahrnehmung des Gebäudes als Kurzzeiteffekt

des Bildes; wir wollten diese durch die Dekonstruktion verschiedener Eindrücke zerstören oder zerlegen, um dann am Ende einen allumfassenden Eindruck zu erhalten, jedoch einen Eindruck, der sich aus vielen kleinen Dingen zusammensetzt wie ein impressionistisches Gemälde. Wir versuchten, an der Vorstellung zu arbeiten, dass ein persönlicher Weg in einem architektonischen Raum aus einer Sammlung von Bildern, Momenten, Erinnerungen und Begegnungen, kleinen Eindrücken entsteht, und der Film führt diesen emotionalen Weg irgendwie zusammen. Je mehr wir an diesem grossen Massstab arbeiteten, desto stärker entwickelten wir die auf Fragmenten basierende Form, sowohl als Zeitleiste als auch als eine Erkundung des Raumes. In *Barbicania* zum Beispiel, der im Londoner Barbican Centre aufgenommen wurden, entwickelten wir den eigentlichen Film als eine Art Kalender, bei dem jedes Stück einen Tag darstellt. Wir hatten ein Fragment pro Tag, das etwas porträtierte, was sich innerhalb dieses Zeitrahmens ereignete. Dann assoziierten wir diesen Kalender mit dem Entwerfen einer Landkarte, sodass sich allmählich alle Fragmente in der Sammlung vereinten, um eine emotionale und psychologische Karte des Gebäudes zu bilden. Architektonisch erhält man kein vollständiges Bild, doch durch die Zeichnung oder die Karten kann der Betrachter sich eine Vorstellung von dem Gebäude machen, indem er die Fragmente in seinem Geist zusammensetzt.

IB: Indem wir nicht an dem rationalen Aspekt der Rauminterpretation arbeiten, sondern stattdessen eher in dem persönlichen Blickwinkel, in der Erfahrung, der emotionaleren Perspektive verankert bleiben, ist das, wovon wir uns am meisten entfernen wollten, die Vermittlung der Vorstellung von etwas, das die Gesamtheit darstellt. In der Darstellung von Architektur existiert dieser stets präsente Wunsch, alles begreiflich zu machen, sicherzustellen, dass eine Person alles versteht. Ein anderes Argument nimmt Bezug auf die Einschränkungen der Architekturbetrachtung. Man glaubt gemeinhin, man würde ein Gebäude kennen, wenn man ein geistiges Bild des Ganzen hat, wenn man praktisch das architektonische Modell im Kopf wieder aufbauen kann, doch das ist eine unmögliche Aufgabe. Während eine Fülle von Detailinformationen - sogar rational - eine umfassende Vorstellung von dem Gebäude vermitteln kann, kann ein Mensch unmöglich hoffen, alles im Kopf zu behalten. Wir wollen dieses System nicht reproduzieren, stattdessen wollen wir mehr an der Konstruktion eines geistigen und persönlichen Raumes arbeiten, erstens unseres eigenen und zweitens desjenigen des Betrachters. Der geistige Raum, der durch eine Erfahrung wiedergegeben wird, ist höchst komplex, und wenn man ein Gebäude besichtigt, dann behält man nicht alles im Kopf, man besichtigt sogar nicht den gesamten Ort. Doch auf der Grundlage unserer eigenen Erfahrung und auch der eigenen unmittelbaren Bedürfnisse, kann man eine kleine Collage schaffen und ein Modell, das die eigene persönliche Erfahrung des Raumes widerspiegelt. Die Architektur tritt in Fragmenten in Erscheinung. Sie ist streng verbunden mit der eigenen Erinnerung des Raumes: Wenn man ein Gebäude betritt, dann geht man herum und verlässt es wieder mit einem Speicher der eigenen persönlichen Erinnerungen.

LL: Es ist mehr das *punctum*, die Dinge, die einen Eindruck hinterlassen.

IB: Eine interessante Übung, mit der wir uns die ganze Zeit beschäftigen, ist das Erstellen einer Liste, sobald wir einen Ort besichtigt haben und herauskommen: Diese Liste ist kein einzelner Block, sie ist eine Reihe von Fragmenten. Wir versuchen nicht, eine ganzheitliche Darstellung des Gegenstands zu vermitteln, vielmehr versuchen wir, alles in Fragmenten herauszuarbeiten. Wir wollen in diesem Stadium verharren. Wenn jemand unsere Filme anschaut, dann sieht er keine objektive Schilderung des Gebäudes; das, was aufscheint, ist unsere Sicht des Gebäudes, unsere Gefühle ihm gegenüber. Und auf keinen Fall ist der Film absolutistisch zu verstehen, ganz im Gegenteil. Wir versuchen, den Zuschauer zu veranlassen, seine eigene Sicht zu formulieren. Wir sind sehr stark darauf konzentriert, ein leicht frustriertes Bild des Gebäudes entstehen zu lassen, wir arbeiten daran, den Blick zu entmutigen in der Hoffnung, dass die Menschen dadurch angeregt werden, mehr herauszufinden und zu einer umfassenderen Sicht zu gelangen. Wir wollen einen Wunsch erzeugen. Die anfängliche Absicht ist, den Wunsch nach der Erfahrung eines Raumes zu steigern.
Wenn wir Studenten unterrichten, versuchen wir, ihnen den Wunsch einzuflössen, ihren Blick auf die nächste Ebene zu richten. Wir bieten unsere eigene Erfahrung und Sichtweise, doch das Ziel ist, diese nicht mit ihnen zu teilen, sondern der Drang bei den Menschen hervorzurufen, hinauszugehen und etwas selbst zu sehen.
In unseren Filmen ist alles verloren, es bleibt keine Information, sondern nur der Wunsch. Die Arbeit ist sehr stark darauf ausgerichtet, ein System zu entwickeln, das eher unkonventionell ist. Architektur ist noch nicht einmal mehr der Schwerpunkt unserer Filme: Anstatt an dem Sujet per se interessiert zu sein, sind wir von ihm als Mittel angezogen, über das Verhältnis zum Raum zu sprechen, was uns mehr interessiert.

LL: Das ist die Bühne zur Schärfung einer Sensibilität gegenüber dem Raum, der uns umgibt, und gegenüber der Art und Weise, wie einige Architekten die allgemeingültigen Verhaltensmodelle der Räume, die wir bewohnen, infrage gestellt haben.
Ein Vorwurf, der uns am häufigsten gemacht wird, ist, dass man am Ende praktisch nichts von dem Gebäude sieht.

Abgesehen davon, dass die Architektur den Hintergrund für die Geschichten bildet, die Sie filmen, ist sie fast so etwas wie der Magnet, der viele verschiedene Geschichten anzieht, die Geschichten vieler Menschen, die darin und darum herum leben.

LL: Am Ende des Tages ist die Architektur für uns eine Situation; sie ist ein Ort, ein Kontext, eine Geschichte, ein Charakter. Wir betrachten sie jedes Mal in dieser Vielfältigkeit, und die Idee besteht darin, diese Situationen zu prüfen und zu erfassen sowie zu verstehen, wie man sie überträgt, jedoch nicht zwingend mit einer direkten Methode. In dem Film über das Barbican Centre erhält man in einigen Fragmenten einen flüchtigen Blick auf ein Stück des Gebäudes, doch die meisten Details sind nicht zu sehen. Man betritt die Häuser, doch nur durch die Geschichten der verschiedenen Menschen, die man erlebt, versteht man, wer dort wohl leben mag, wie sie leben und wie die Nachbarn untereinander in Beziehung stehen. Der Film in dem Bjarke Ingels-Bau [*The Infinite Happiness*, Anm. d. Verf.] war wirklich interessant mit seinen Reaktionen auf das Zusammenleben, was das bedeutet, was die Architektur tun kann, um zu gewährleisten, dass die Menschen untereinander in Beziehung stehen; und es ist wirklich interessant für uns, dabei zuzusehen. Die Art, wie wir Architektur betrachten, stellt den Versuch dar, das Herz des Gebäudes wiederzugeben, und nicht so sehr, ein naturgetreues Porträt davon zu produzieren.

IB: Wenn wir Filme machen, dann denke ich - wie ein Astrophysikfreak - über den Zusammenhang zwischen Alltagsraum und Raum im Sinne eines Aussenraumes nach. Wir haben eigentlich nie einen Aussenraum gesehen, doch wir haben gefolgert, dass es ihn gibt, genauso haben Wissenschaftler so viele Dinge verstanden, indem sie Details beobachtet und nicht wirklich gesehen, dann daraus Gesetze abgeleitet und alles auf diese Beobachtungen gestützt haben.
Ich habe mich immer gefragt, ob es möglich ist, einen Alltagsraum auf die gleiche Weise zu interpretieren. Kann ich diesen, anstatt ihn direkt zu untersuchen, von dem Verhalten bestimmter Elemente ableiten? Wir versuchen, den Raum durch Beobachtungen herzuleiten, die wir bei Betrachtung der dort lebenden Menschen gemacht haben, doch wir geben ihn nicht vollständig wieder und betrachten ihn auch nicht direkt. Warum also arbeiten wir daran, den Blick zu entmutigen? Weil es fast genauso ist, als würden wir ihn nicht sehen wollen. Wir wollen ihn ableiten, ihn durch Elemente erfassen, die uns darüber erzählen, jedoch nicht das Teleskop sind, das darin herumstöbert und umherblickt, oder nicht das direkte Mass von Gravitationswellen sind. Einstein folgerte die Existenz und das Verhalten von Gravitationswellen, lange bevor sie jemals gesehen wurden, und so erhält man auch die kombinierte Wirkung der beiden Dinge im Film selbst.

Ila Bêka and Louise Lemoine leben und arbeiten als Filmemacher in Bordeaux und Rom.

Ila Bêka & Louise Lemoine

Koolhaas Houselife

2013

[Bewegungen von Guadalupe in der Villa]

1-3 Wir baten Ila Bêka und Lou se Lemoine, uns eine Reihe von wesentlichen geläufigen Komponenten ihrer Filme zu geben:

Auswahl von Kalender-Raumkarten von Bewegungen

Auswahl von "Drivers"

Auswahl von Soundtracks

T	W	T	F	S	S
1	2	3	4	5	6
8	9	10	11	12	13
15	16	17	18	19	20
22	23	24	25	26	27
29	30	31			

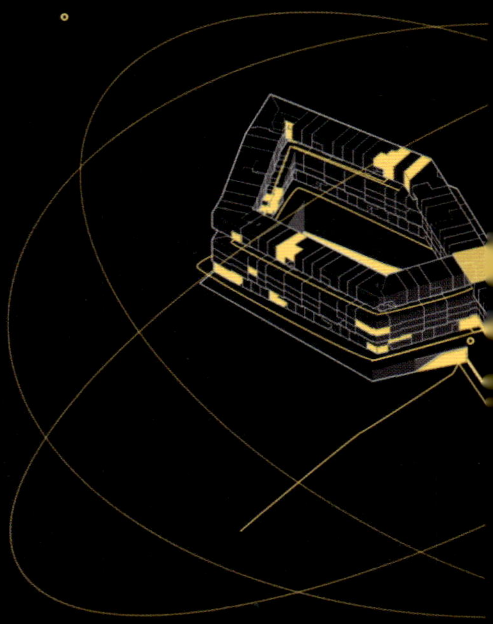

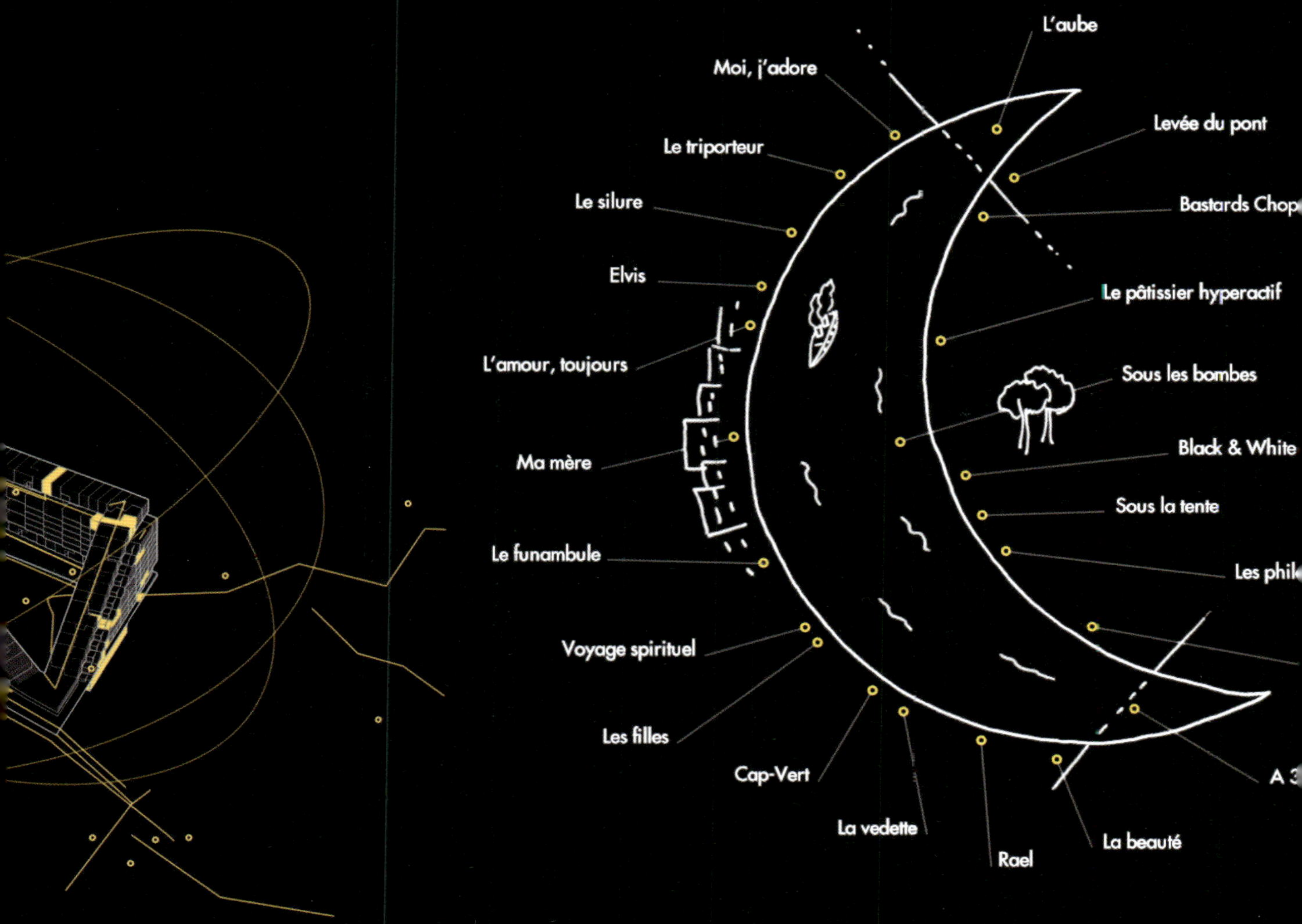
L'aube
Moi, j'adore
Levée du pont
Le triporteur
Bastards Chop
Le silure
Elvis
Le pâtissier hyperactif
L'amour, toujours
Sous les bombes
Ma mère
Black & White
Sous la tente
Le funambule
Les phil
Voyage spirituel
Les filles
Cap-Vert
A 3
La vedette
Rael
La beauté

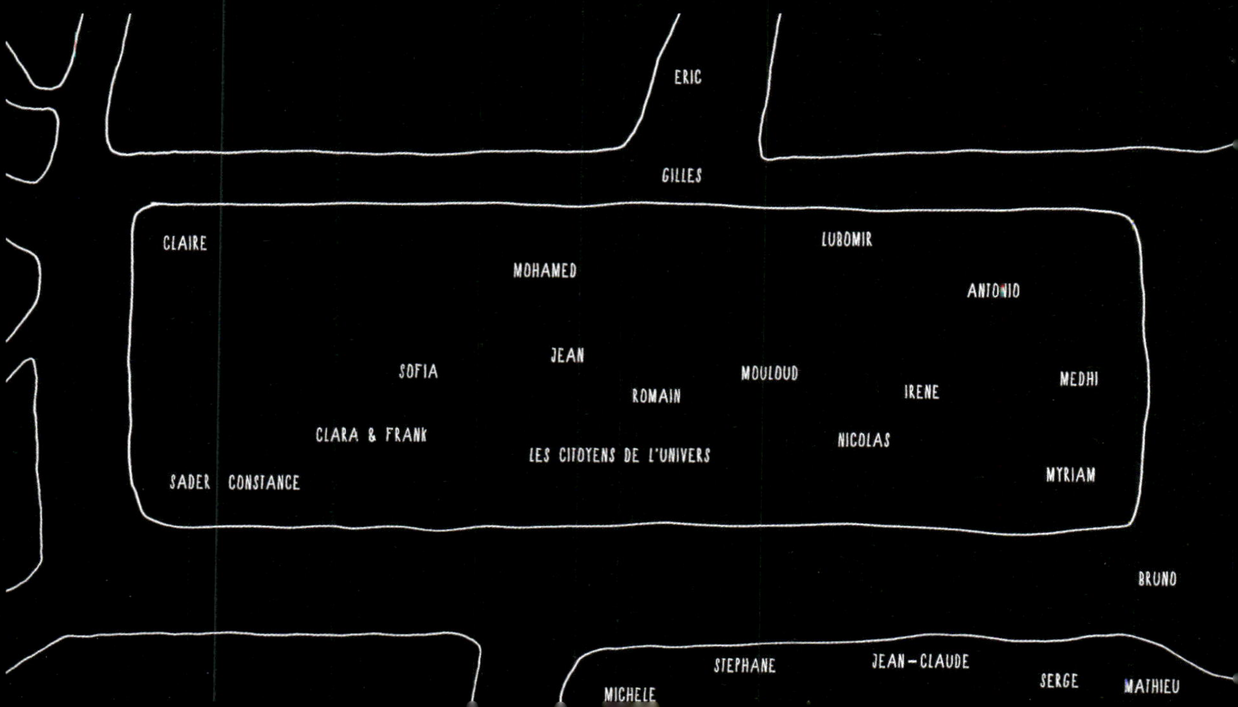
ERIC
GILLES
CLAIRE
LUBOMIR
MOHAMED
ANTONIO
JEAN
SOFIA
MOULOUD
ROMAIN
IRENE
MEDHI
CLARA & FRANK
LES CITOYENS DE L'UNIVERS
NICOLAS
SADER
CONSTANCE
MYRIAM
BRUNO
STEPHANE
JEAN-CLAUDE
SERGE
MATHIEU
MICHELE

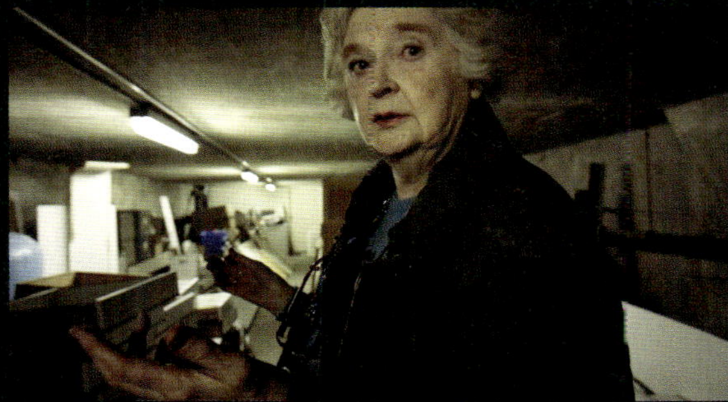

Maïda

David Joseph Weswly

Waltz in A-flat Major
Op. 65: No.2
Frédéric Chopin

Go go daddy-o
Wasserman Ronald
Aaron

ions
Zen

Realms of glory-handbells
Charles Roland Berry

Je veux vivre
Charles Gounod

nto

Wikillectual
David Joseph Wesely

Goodfellas One Blue
Popvirus Publishing
Group UG

es from the South
Richard Strauss

Fluctuatior
Gabriella Z

Blu Danube Waltz
Johan II Strauss

Concerto
Ila Bêka

Prayer for Tso
Parisg

Accélérations
Richard Strauss

String Quartet n.15
in A Minor, Op. 132
Ludwig Van Beethoven

Lay bac
Pelli

botel
ikai

Knuckleheads
Hiatt Kevin

p 61
Chopin

March of the Trolls
Edward Grieg

Waltz in A-fla
Major, Op.69: N
Frédéric Chopi

Valse Coppelia
Leo Delibes

Good eggs
David Joseph Wesely

Acoustic
Jean Marc
Andre Fis

rasure
rieg

Shout
Gabriella Zen

Egyptian March
Johann Strauss II

Toccatina
Dmitri Kabalevsky
arles Roland Berry

Dance of Mystery
John Thomas Oaks

Wanted
Massimiliano Nevi
Stefano Fresi

Tender Lady
Antonio Coppol

cstrasse
Winter

Daniel Dark Angel

Will be

Gabriella Zen

rment of soul
perto Girolamo

Dancing Dummy
Francesco De Luca

Ennio's Western
Mario Marco
Cesare Fabio

Blue Danube Waltz
Johann II Strauss

pa

Dancing Dummy
Julien Baril

end

Hot desert
Tim Souster

March of the Trolls
Edward Grieg
harles Roland Berry

Xmas 911
Ian Honeyman

a

The singing Cuckoo
Lehar Janos

Hex appeal
vid Joseph Wesely

pfire
Torossi

Waltz in A-flat Minor

God Save the Queen
Mark Cousins
Chris Salt
Adam Saunders

Scary treasure hunt
Ila Bêka

Encourage Score
Jeremy Sweet
Michael Whittaker

House of fear
Alan Lazar

Joy Ride
Tom Yeo
Adrian Sood
Elroy Powell

Zorba the Greek
Mikis Theodorakis

White Shapes
Gabriella Zen

Dance of the hours
Amilcare Ponichelli
Charles Roland Berry

Serial tourist
Julien Baril

Rapsody
Adam Saunder

Round and a
Laurent Du

Concerto n. 8
Ila Bêka

Spiritual Jour
Bianca Folke
Roberto Scheue

A prayer
Sandy Nuttgens
Chris Hobans

East pizzicato
Alessandro Forti
Francesco De Luca

Workout
Golden Parach

Improvisation
Zitoune
Olivier Barda

Vigilante
David Neratti
Paolo Pecore
Emanuele Vicar
Stefano Vicare

Daniel Dark Angel
Sthatis Caucheteux

JUN

ISHI

YA

GAMI

Ich beschäftige mich mit Architektur, um herauszufinden, wie man meinen Beruf definieren kann, da Architektur schwierig zu definieren ist. Ich entwerfe und habe dabei immer die Frage im Kopf: «Worum geht es bei Architektur wirklich?»

Dieses Gespräch mit Junya Ishigami fand am 28. November 2016 im Ristorante Stella in Mendrisio statt.

Sie behaupten, dass Sie bei Ihrer Arbeit versuchen, neue Zusammenhänge zwischen der Architektur und der Welt herzustellen. Empfinden Sie das als Notwendigkeit aufgrund unserer aktuellen Bedingungen oder eher als eine neue Möglichkeit unserer Zeit?

Nie zuvor hat es eine Zeit gegeben, in der Werte so verschieden waren, und folglich ist es heute schwierig, einen vielseitigen Architekturstandard zu haben. Ein Standard wäre zum Beispiel möglich, wenn die Menschen auf der ganzen Welt die gleichen Perspektiven hätten und die gleiche Zukunft anstrebten, denn so würden sich die Architekten auf eine bestimmte Idealform konzentrieren. Doch verschiedene Werte führen zu verschiedenen Idealen. Um es drastisch auszudrücken: Wir sind dafür geschaffen zu glauben, dass so viele Menschen so viele Träume haben. Unter dieser Voraussetzung sollten Architekten heute verschiedene Architekturformen anbieten, die auf einer grossen Bandbreite von Werten basieren und nicht nur ein einzelnes Ideal anstreben.
Die Aufgabe heutiger Architekten besteht darin, durch ihre architektonischen Ausdrucksformen so viele Welten wie möglich darzubieten.

Wenn unsere moderne Kultur weiterhin keine Beschränkungen, Stile oder Fragen, die es zu beantworten gilt, bereithält, was ist dann der Kontext, in dem Sie arbeiten, und worauf beziehen Sie sich?

Es gibt heutzutage keinen eindeutigen Trend in der Architektur, und ich denke, dies ist das erste Mal in ihrer Geschichte. Seit dem Beginn der Architekturgeschichte hat es in allen Zeiten immer bestimmte Stile gegeben. Ich übertreibe nicht, wenn ich sage, dass Architekturen in Übereinstimmung mit Stilen geplant werden – in einigen Zeitaltern einem Stil für Machtmenschen und in anderen einem Stil für die Massen. Dies mag vielleicht so gewesen sein, weil die Methoden der Informationsübermittlung einfach waren, während in unserer Zeit die ganze Welt ein einziger Informationsraum ist, wo überall und zu jeder Zeit die Information fliesst und sich niederschlägt, genau wie Regen. Diese komplexe Kommunikation erscheint ebenso künstlich wie natürlich. Keiner könnte mehr die Zukunft durch Information genau vorhersagen und auch nicht voller Vertrauen sagen, was morgen sein wird. Von einem anderen Blickwinkel aus beinhaltet das so viele Möglichkeiten. Man könnte behaupten, dass erstmals in der Geschichte der Architektur der Moment gekommen ist, in dem wir die Freiheit haben, Architektur ohne irgendwelche Einschränkungen zu betrachten. Diese Freiheit zwingt uns, unsere Meinung über Architektur zu ändern.

Wir leben in einer Welt, in der wir das Recht haben, Dinge frei zu interpretieren und über jedes Ergebnis zu verfügen. Nichtsdestotrotz sollte die Freiheit nicht wörtlich genommen werden. Freiheit wird von grenzenlosen Werten durch grenzenlose Information verändert.
Man stelle sich ein Schiff auf hoher See vor – dass man ein Schiff herstellt, welches das Gleichgewicht hält und sicher auf dem endlosen Meer von Information schwimmt und dahinsegelt. Die Rolle des Architekten heutzutage besteht darin, die Architektur auf diese Weise zu verstehen und durch die Architektur selbst neue Welten zu erschaffen.

Haben Sie architektonische oder räumliche Bezugspunkte beim Entwerfen? Welche Bedeutung hat die Bezugnahme beim Entwurf?

Es hängt von dem Projekt ab, doch ich habe keine spezifischen Bezugspunkte beim Entwerfen. Ich greife bei Recherchen auf sie zurück, da wir heute nur selten in unserer Heimatstadt planen. Wir müssen vielmehr unter ungewohnten Bedingungen arbeiten, die auch noch mit unterschiedlichen Kulturen und Perspektiven zu tun haben. Das könnte mich dazu geführt haben, etwas mir Unbekanntes als Referenz zu analysieren und anzuwenden, doch das hat keinen direkten Einfluss auf meinen Architekturstil. Ein Bezugspunkt kann auch ein Hilfsmittel oder eine Quelle sein, um die ungewohnte Umgebung zu erkunden, eine Anleitung für etwas Neues.

Architektur wird gemeinhin als Unterkunft betrachtet, welche die Leben der Menschen umschliesst und sie so von ihrer unmittelbaren Umgebung trennt, um sie zu beschützen. Warum wollen Sie etwas in die Architektur einführen, was immer getrennt von ihr war?

Die Aussenfassaden von Gebäuden wurden immer schon nicht als Artefakt, sondern als etwas angesehen, das von Anfang an existierte. Vorher bestand die Rolle der Architektur darin, eine Grenze zwischen einer komfortablen Umgebung für Menschen und einer strengeren Aussenwelt zu schaffen, und daraus ergab sich ihr Wert. Nun jedoch müssen wir uns bewusst sein, dass in unserer Welt die Aussenseite von Gebäuden auch etwas mit menschlichem Handeln zu tun hat, und deshalb können wir die beiden Umgebungen nicht getrennt voneinander betrachten.
Wenn das stimmt, dann müssen wir das Äussere offen und aufrichtig berücksichtigen. Deshalb müssen wir dem Inneren die gleiche Gewichtung wie dem Äusseren zukommen lassen und dürfen nicht versuchen, das Äussere in das Innere zu integrieren. Gleichzeitig müssen wir den Innenraum aus einer andersartigen Perspektive heraus völlig neu definieren, weil das Innere von Gebäuden bis hierhin im Verhältnis zu dem

vorgegebenen Äusseren existiert hat. Wenn sich die Aussenseite wandelt, dann ändert sich natürlich auch das Innere.

Sie scheinen sich für die Massstäblichkeit natürlicher Umgebungen und natürlicher Phänomene als Voraussetzungen für den Bau neuer Architektur zu interessieren anstatt für die Rolle der Natur und der natürlichen Formen. Wie würden Sie sich dazu äussern?

Heutzutage müssen wir die natürliche Umgebung genauso als einen Kontext betrachten, wie die Architektur in der Vergangenheit mit Urbanität und Kultur als Kontext geplant wurde.
In meinen Arbeiten ist die natürliche Umgebung nicht einfach etwas, das nachgeahmt werden kann. Sie ist nicht der Ausgangspunkt, sondern ein Kontext, genau wie die Stadt oder Kultur, die als grosser Einflussfaktor auf die Architektur betrachtet werden sollte.

Wenn Sie analysieren, wie die Natur – insbesondere Wälder, Wolken, Naturphänomene – erlebt wird, betrachten Sie sie dann als Metapher, um eine Reaktion vorherzusehen, ein Verhalten, das die Menschen ihren Gebäuden gegenüber zeigen könnten?

Ich denke nicht, dass dies Metaphern sind. Es ist für mich gleichermassen wichtig, Räume zu sehen, die von der Architektur als Umgebung geschaffen wurden, und das natürliche Umfeld als Raum zu betrachten.
Viele Menschen zum Beispiel denken möglicherweise, dass eine Kulisse formlos, dimensionslos und unspezifisch ist. Doch in einer weiten Landschaft sehen wir den Horizont, der den Himmel und die Erde irgendwo fernab von hier miteinander verbindet, und diese horizontale Linie dient als Grenze eines bestimmten Gebietes, das diesen Raum und jenen Raum voneinander trennt. Wir könnten denken, dass der Horizont weit entfernt von hier scheint, doch in Wirklichkeit befindet er sich nur in einer Entfernung von 4 oder 5 Kilometern (auf Augenhöhe). Mit anderen Worten, ein rundes Terrain mit einem Radius von 4 oder 5 Kilometern ist das grösste Gebiet, das wir sehen können. Im Gebirge zum Beispiel wird der Bergzug zu einer Grenze, die kleine, aber deutlich erkennbare Flecken von Raum entstehen lässt. Das ist der Grund, warum Landschaften Räume sind, die konkrete Massstäbe und Formen aufweisen.
Gebäude bilden ein hohles Inneres aus, dessen Form nicht wichtig ist. Der Wert dieses Raumes wird durch die Umgebung in ihrer Gesamtheit, einschliesslich Temperatur, Luftfeuchtigkeit und Helligkeit, bestimmt.
Folglich haben die Architektur und die natürliche Umgebung das gleiche Gewicht. Diese Betrachtungsweise hilft mir, etwas Neues zu finden.

Führt das Gefühl von Unsicherheit, das unsere Gesellschaft zu durchdringen scheint, zu Freiheit im Gebrauch und in der Erfahrung von Räumen?

Ja, denn unsere Definition von Architektur ist nicht starr. Heute kann sich die Funktion von Gebäuden leicht verändern und wird durch relative Verhältnisse festgelegt, während im Zeitalter des Funktionalismus vor 100 Jahren Funktion ein wichtiger bestimmender Faktor war. Ich glaube, dass wir ohne feste Leitlinie entwerfen müssen. Deshalb ist es nicht weniger wichtig, Gebäude mit einer befreiten Kreativität zu errichten, als ein Gleichgewicht herzustellen zwischen vielfachen Anforderungen und einem starken Freiheitsgedanken. Dies ist eine fundamentale Frage, worum es bei der Architektur überhaupt geht. Meine derzeitige Aufgabe ist, Gebäude zu schaffen, die mehreren Anforderungen entsprechen und nicht nur für ein spezielles Bedürfnis stehen. Ich denke, das wird verhindern, dass die Architektur einmal zu existieren aufhört.
Mit anderen Worten: Gebäude, die nur einer Anforderung entsprechen, mögen für eine Weile Bestand haben, jedoch nicht für eine lange Zeit. Wenn man Gebäude und ihre Umgebung in Harmonie errichten will, dann muss man jedes Mass nehmen, unabhängig von bereits bestehenden Ideen, um ein Gleichgewicht herzustellen.

Die Menschen streben nach Komfort, was immer schon ein wesentliches Thema in der Architektur war. Welche Art von Komfort streben Sie an?

In Anbetracht dessen, dass es keinen Grund gibt, unbequeme Räume zu schaffen, ist Komfort der entscheidende Faktor in der Architektur. Ich könnte sagen, dass ich Bauten kreiere, um den Menschen eine komfortable Umgebung zu bieten, und sie so von einem unbequemen oder strengen Umfeld fernhalte.
Doch wir dürfen nicht vergessen, dass Komfort, allgemein gesprochen, nicht durch eine Einzelperspektive bestimmt werden kann; einige Menschen könnten zum Beispiel eine hohe Luftfeuchtigkeit, eine kühle oder eine hohe Raumtemperatur bevorzugen. Komfort ist immer relativ.
Wir sollten nicht eine bestimmte uniforme Umgebung als selbstverständlich ansehen, sondern sie immer im Zusammenhang mit einem spezifischen Standard oder besonderen Bedingungen betrachten. Vielmehr müssen wir mit der grundlegenden Frage «Was meinen wir mit Komfort?» beginnen und dann prüfen, welche Art von Komfort verschiedene Menschen wollen könnten.
Wir könnten sogar noch weiter gehen und die Bandbreite des Denkens dahingehend erweitern, was Komfort nicht nur für Menschen, sondern auch für Pflanzen, Tiere und die Natur bedeutet. Diese Haltung wird sie alle in einer Umgebung mit Abstufungen

verbinden. Ich ziele auf eine Umgebung ab, wo zahlreiche Formen von Komfort miteinander verbunden sind, nicht nur eine Form, die in getrennte Abteilungen aufgeteilt ist und nur vom Standpunkt ihrer Bewohner komfortabel ist.

Betrachten Sie die Technologie als einen Bereich neuer Möglichkeiten, als eine Gelegenheit, neue Wege zum Errichten von Architektur zu finden? Wie bringen Sie das mit Architektur zusammen?

Heute ist die Entwicklungsrate in der Architektur wesentlich langsamer als die der Technologie: Man könnte sagen, dass dies das Merkmal von Architektur ist. Viele Beispiele zeigen, dass Architektur unverändert eine lange Zeit überdauern kann, und gleichzeitig entwickelt sich die Baukunst weiter und ältere Techniken sind praktisch ausgestorben. Dennoch ist die Rate dieser Phänomene extrem langsam, während die Absatzrate innovativer Spitzentechnologie atemberaubend ist. Ich finde den grossartigen zeitlichen Verlauf von Architektur sehr attraktiv, aber trotzdem müssen wir, wenn die Gebäude nah bei uns errichtet werden und für einen grossen Teil unseres Lebens Verantwortung tragen sollen, daran denken, brandneue Technologie in die Architektur zu integrieren.
Moderne Architekten haben die Aufgabe, für eine Koexistenz zwischen der langsamen Veränderung in der Architektur und dem schwindelerregend schnellen Wandel in der Technologie zu sorgen. Anstatt das zu scheiden, was verloren ist, und das, was fortbesteht, müssen wir eine Umgebung vorschlagen, wo die Koexistenz dieser beiden etwas Neues entstehen lässt. Innovative Spitzentechnologie würde auf eine Art und Weise, die man sich niemals vorgestellt hat, alte Dinge erhalten oder restaurieren. Eine alte Technologie würde eine grosse Vertrautheit vermitteln. Die Kombination von Alt und Neu würde eine reiche neue Welt entstehen lassen. Dies müssen die zugrundeliegenden Perspektiven für heutige Architekten sein.
Wenn Architekten jedoch über die Gegenwart hinaus in die Zukunft blicken, dann müssen wir über Werte hinausgehen, wie ich bereits zuvor erwähnt habe, und uns freihalten von brandneuen und alten Technologien. Was bedeutet das? Wie kann ich das erreichen?
Dies ist für die Architekten heute eine offene Frage. Darüber nachzudenken, wird uns in die Zukunft führen.
In Anbetracht der Entwicklungsgeschwindigkeit innovativer Spitzentechnologie verläuft die Entwicklung in der Architektur langsam. Das ist die gute und zugleich die schlechte Eigenschaft der Architektur. Wir erfassen definitiv den Stand der Technik und gleichzeitig ignorieren wir ihn. Die Architektur bietet eine Möglichkeit, dass ich frei sein kann von Technologie. Wir können nicht vorhersagen, wie lange ein Bauwerk

den schnellen Wandel der Zeiten überdauern mag, doch Bauwerke, die von einer einzigen Technologie abhängen, werden sehr schnell ausgedient haben. Deshalb ist es wichtig, beim Entwerfen von Gebäuden zwei Haltungen einzunehmen: auf den Technologie-Zug aufzuspringen und Gebrauch von dem zu machen, was hochmodern ist. Wir sollten uns nicht zu weit auf eine Seite schlagen, sondern beim Entwerfen vielmehr ein Gleichgewicht halten. Denn ich denke, dass im Gegensatz zur Zeit der Moderne, als die Technologie zum Design selbst wurde, es in unserer Generation wesentlicher ist zu entscheiden, welche führenden Techniken man verwendet. Daraus geht hervor, dass es, wenn wir neue Technologien entwickeln, nicht immer notwendig ist, entsprechende neue Designs zu kreieren. Alte Technologie reicht nicht aus, alte Gebäude zu erhalten, und neue Spitzentechnologie kann wesentlich sein für die Erhaltung einiger Altbauten. Dieser Entscheidungsprozess muss innerhalb unserer Wertschätzung von Freiheit gut durchdacht sein.

Ist das genau das, womit sich Architekten beschäftigen?

Ja. Mitunter mag die Haltung, alles auf den Stand der Technik zu bringen, veraltet sein.

Neue Technologien und die Welt im Allgemeinen sind heute schnell, unsichtbar und virtuell, wohingegen die Architektur langsam, materiell und handgemacht bleibt. Wie können Computertechnologien, Robotertechnik, Nanotechnologien und so weiter der Architektur helfen, ihre Grenzen zu erweitern?

Das Verhältnis von moderner und alter Technologie, das wir beim Planen von Architektur berücksichtigen, ist ein Schlüsselfaktor der Architektur selbst. In Anbetracht der Lebensdauer von Gebäuden können brandneue Technologien aufgrund der Umschlagsgeschwindigkeit leicht obsolet werden. Ausserdem könnte eine alte, jedoch noch existierende Technologie vielleicht nicht zu unserem modernen Leben passen. Das soll nicht heissen, dass wir so bauen müssen, wie heute überall gebaut wird - anderenfalls wird die Mittelmässigkeit die Gebäude jeglichen Reichtums berauben. Vor allem aber ist das Gleichgewicht zwischen Alt und Neu das eigentliche Charakteristikum von Gebäuden.
Man könnte auch sagen, dass Technologien, die zuletzt von Architekten angewandt werden, in der Tat die modernsten sind, wie etwa Computertechnik, Robotik, Biotechnologie und Nanotechnologie. Allzu leicht assoziieren wir Architektur mit Allgemeingültigkeit und Geschichte: Es trifft zu, dass ihre Eigenschaften eine wichtige Rolle in der Architektur spielen und wesentliche Tugenden entstehen lassen, doch wenn Gebäude nur bei bereits existierenden Vorstellungen, alter Technologie und alten kulturellen

Werten berücksichtigt würden, dann würde die Architektur aufhören zu bestehen.
Wie ich bereits erwähnt hatte, ist die Situation, wo Architektur unabhängig und frei vom Stand der Technik und bereits existierender Technologie ist, der Ausgangspunkt, um zukünftige Architektur zu schaffen.
Mit anderen Worten: Wir müssen unseren Blick von alltäglichen Perspektiven in der Architektur verlagern und nach völlig neuen Möglichkeiten suchen. Es ist Zeit für uns, mit neuen Werten weit über bereits bestehende Ideen hinaus aufzuwarten; dies kann unser Leben erweitern.
Wir müssen von der neuen Welt Kenntnis nehmen, die durch die neueste Wissenschaftstechnologie entstanden ist, und wir können bereits einen kurzen flüchtigen Blick darauf erhaschen. Stellen wir uns zum Beispiel vor, wir würden zum Mars auswandern: Die heutige Denkart der Architekten würde aus dem Möbeldesign auf dem Planeten eine Aufgabe für Techniker machen. Doch wenn eine bedeutende Zahl von Menschen sich dort niederliesse, dann würde das Design den Anforderungen des zugrundeliegenden Komforts und der Kultur menschlichen Handelns auf dem Mars Rechnung tragen müssen. Architektur wäre dort von grosser Bedeutung.
Eine der wichtigsten Rollen von Architekten besteht darin, den Stand der Technik mit dem menschlichen Handeln in Einklang zu bringen.

Bedeutet das, eine Brücke zu schlagen zwischen Technologie und Architektur?

Ja, Sie haben teilweise Recht. Wenn ich mir die Gegenwart betrachte und versuche, die Zukunft vor mir zu sehen, dann interessiert mich, wie man die nachfolgende Welt entwerfen sollte - wo alle Elemente miteinander verbunden und gleichzeitig unabhängig voneinander sind, wo jedes Element jetzt mit anderen gemischt und danach unversehrt extrahiert wird.

Bei Ihren Projekten gehen Natur und Architektur ineinander über, sie hängen voneinander ab und werden zu einer konsistenten Einheit, einem neuen Wesen. Welches Ziel verfolgen Sie damit?

Das Umfeld der Erde hat eine völlig neue Definition erhalten. Die Menschen dachten, sie lebten in dem natürlichen Lebensraum und betrachteten es als riesige, unveränderliche Einheit. Heute hingegen erkennen viele Menschen, dass menschliches Handeln das natürliche Umfeld beeinflusst und dass sich die Umwelt verändert. Der natürliche Lebensraum ist nicht mehr etwas Gottgleiches, Unveränderliches, sondern etwas, das neben menschlichem Handeln bestehen muss.
Unsere Aufgabe ist deshalb, intensiv über neue Umgebungen in der modernen Zeit

nachzudenken, in der es nicht möglich ist, Natürliches und Künstliches als getrennte Einheiten zu betrachten.

Das höchste Ziel von Technologie und Wissenschaft ist, das Geheimnis der Naturphänomene zu enthüllen. Die gegenwärtige Welt ist da, wo wir versuchen, zu einem tiefen Verständnis der zugrundeliegenden Naturgesetze zu gelangen und diese auf intelligente Weise für unser Leben einzusetzen. Es könnte daraus folgen, dass Technologie und Wissenschaft nicht nur künstliche Produkte, sondern Instrumente für die Erzeugung von Phänomenen sind, genau wie die Natur, wenn sie eine neue Welt hervorbringt. Deshalb werden die Logik und Methode, Wissenschaft, Technologie und Natur gleichwertig zu behandeln, für die künftigen Architekten benötigt, deren Welt ihnen nicht erlauben wird, zwischen dem zu trennen, was natürlich ist, und dem, was vom Menschen gemacht ist.

Mein Hauptinteresse ist nicht die Harmonie unter diesen drei Faktoren, sondern die künftige Natur; das Verständnis des Naturzustandes von Dingen muss überdacht werden.

Einmal mehr hängt die terrestrische Umwelt nicht mehr vollständig von Naturphänomenen ab, sondern auch von den Menschen, die sie beeinflussen können; die Menschen könnten ein gutes Verhältnis zur Umwelt haben, indem sie ihr Handeln regulierten.

Am Ende des Tages sind Natur und Artefakt untrennbar, und das Streben künftiger Wissenschaft und Technologie deckt Naturphänomene auf. Der Wert von Wissenschaftstechnologie besteht nicht darin, Naturphänomene zu beschützen, sondern darin, durch die Anwendung von Naturgesetzen oder natürlicher Methoden etwas Neues zu schaffen. Deshalb wird die Wissenschaftstechnologie dazu übergehen, in der Zukunft Naturphänomene zu behandeln, anstatt dass sie ein künstlicher, von diesen getrennter Gegenstand ist. In diesem Zusammenhang, in dem die Architektur stehen sollte, ist es fundamental zu verstehen, wie sie eingesetzt werden sollte und in welcher Verbindung sie zu Naturphänomenen steht.

Bezug nehmend auf diese letzte Frage: Wenn zum Beispiel die Häuser, die Sie entwerfen, Gärten haben, würden die Gebäude dann errichtet, ohne dass das Verhältnis zwischen Menschen und Natur behindert würde?

Ja. Architektur muss so eingesetzt werden, dass sie Grenzen zwischen den Menschen und der Natur aufbricht, doch zur gleichen Zeit müssen wir die Natur wiederherstellen und neu definieren. Ich denke, dass ein komplett geschlossenes Umfeld oder System nicht existieren kann. Gebäude sind keine Maschinen, deren innere Systeme geschlossen sind. Sie sind ausgeglichen, wenn sie als offene Systeme konzipiert sind. Die Vorstellung, dass Gebäude das Innere herstellen und die Umgebung das Äussere bildet, ist überholt. Die Rolle der Architektur ist, der natürlichen Kulisse, in der die Gebäude errichtet werden, neue Strukturen und Bedeutungen zu verleihen. Menschliches Handeln ist auch ein grundlegendes Naturphänomen, das neu definiert werden muss. Vielleicht ist die Vorstellung, dass die Trennung zwischen Architektur und Natur neue Umgebungen entstehen lässt, obsolet. Etwas, das Naturphänomene wiederherstellt, selbst wenn es ein offenes System ist, könnte noch als Architektur bezeichnet werden, weil es neue Umgebungen schafft.

Gehen Sie immer noch der Frage nach, was Ihr Beruf ist?

In diesem Gespräch habe ich die Grundlage von Architektur diskutiert, die ich als Architekt praktiziere. Wir haben die Freiheit zu definieren, was ein Architekt und was ein Architekturstil ist, so ist das Ziel des Architekten, einen Weg zu finden, um eine neue Umgebung zu erschaffen. Natürlich wird in der Zukunft irgendjemand die Antwort finden, wie auch ich es versuche.

Junya Ishigami lebt und arbeitet als Architekt in Tokio.

Junya Ishigami

Towers

2007

1 Junya Ishigami Associates

Japanischer Pavillon an der 11. Architekturbiennale in Venedig

2008

2 Junya Ishigami Associates

House with Plants

2010-2012

3 Junya Ishigami Associates

Art Biofarm

2013-

4-5 Junya Ishigami Associates (in Zusammenarbeit mit Studio Maks)

Park Groot Vijversburg

2016-2017

DO

GMA

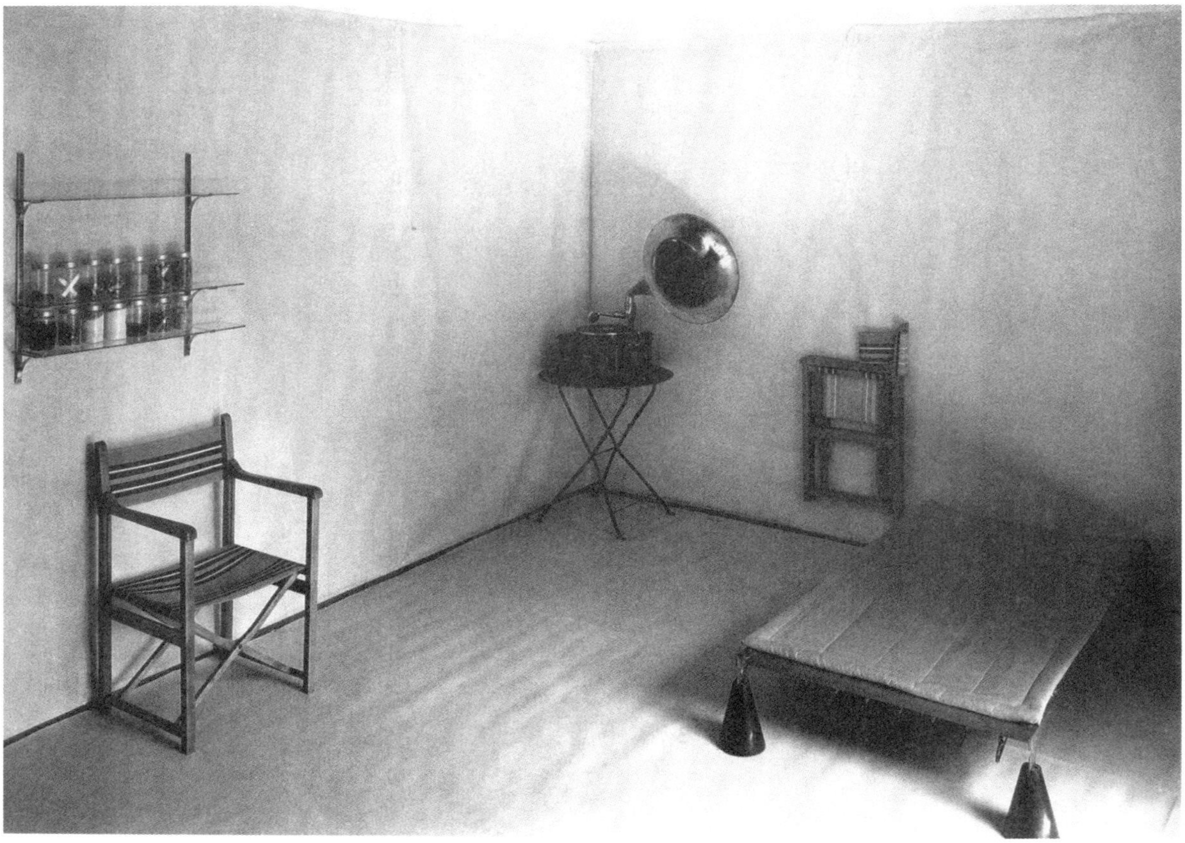

Unser Beruf als Architekten hängt in hohem Masse von der Berufstradition der Architektur selbst ab, die sich mit Entwerfen beschäftigt. Wir glauben, dass unsere Arbeit sich auf diese Disziplin bezieht und sie auch infrage stellt.

Unser Interesse an Architektur als Disziplin wird durch den Umstand motiviert, dass Architektur ein Objektiv darstellt, durch das wir Dinge erfassen und in der Stadt intervenieren können. Was die Architektur besonders interessant macht, ist, dass das Wissen darum, das Architektur produziert, hauptsächlich ein materielles Wissen ist – aus konkreten, greifbaren Artefakten, gleich ob diese gebaut oder nur auf dem Papier präsentiert werden. Die Ausübung des Architektenberufs stellt deshalb die Möglichkeit dar, das, was wir als eine Materialgeschichte der Welt bezeichnen können, zu verfolgen, nämlich die Möglichkeit, die Welt um uns herum durch greifbare Objekte zu erfassen. Um Architektur auf solch eine Weise praktizieren zu können, ist es wesentlich für uns, nach dem Zusammenhang zwischen der Welt der Konzepte und Ideen sowie ihrem potenziellen Spiegelbild zu suchen.

Dieses Gespräch mit Pier Vittorio Aureli und Martino Tattara fand am 2. September 2016 via Skype statt.

Sehen Sie in Ihrer Position als praktizierende Architekten oder als Wissenschaftler zwei verschiedene Seiten des gleichen Gebiets?

Pier Vittorio Aureli: Ich denke, einer der problematischsten Aspekte der Arbeit eines Architekten ist ein gewisses Mass an Zufälligkeit. Architektur ist immer sehr stark dem Auftrag, dem Anlass untergeordnet, und das ist natürlich ein Teil des Wesens unseres Berufs. Ich denke nicht, dass Architektur einer solchen Situation entkommen kann, doch gleichzeitig müssen wir uns der Entwicklung bewusst sein, die wir nehmen, selbst wenn es schwierig zu beurteilen ist. Wir waren sehr daran interessiert, sogenannte Grossprojekte zu entwerfen, das heisst Projekte mit materiellen und konzeptuellen Anwendungsmöglichkeiten in der Grössenordnung der Stadt.
Architektur sollte nicht eine Ansammlung von Aufgaben sein, wo der Stil das massgebliche Hauptthema wird. So ist in unserem Fall die Planung eines Projekts genauso, wie wenn man ein Kapitel eines Buches schreibt, das natürlich eine Geschlossenheit aufweisen muss; es kann nicht einfach nur eine Sammlung verschiedener Momentaufnahmen sein.

Und das ist typisch für Ihre Vorgehensweise... Doch ich frage mich, wie diese Komponenten sich gegenseitig aktivieren können?

Martino Tattara: Wir sehen uns nicht einfach als Entwerfer. Wir sind Architekten, und für uns sind die Lehre, das Schreiben und das Forschen genauso wichtig wie unsere Entwurfstätigkeit. Diese verschiedenen Komponenten unseres Verständnisses vom Arbeitsfeld der Architektur sind komplementäre Teile einer einzigen Beschäftigung mit dem Beruf und dessen, was wir mit unseren Studenten oder in unserem Schreiben oder bei unseren Entwürfen entwickeln und umgekehrt. Natürlich ist es zur Aktivierung dieser verschiedenen Komponenten sehr wichtig, allgemeine Gegenstände oder Themen zu wählen, an denen man arbeiten will. Während das im Bereich der Forschung und in der Lehre relativ einfach ist, gestaltet es sich beim Entwerfen schon schwieriger. Aus diesem Grund sind wir sehr selektiv bei der Auswahl der Projekte, an denen wir als Büro arbeiten wollen, und wir nehmen nur Projekte in Angriff, die zu unserer aktuellen Forschung und unseren derzeitigen Interessen einen Beitrag leisten können.

Bei Ihren Projekten gibt es immer eine ausgewiesene politische Absicht – ein politisches Engagement –, unterstützt von einem spezifischen philosophischen Hintergrund. Wie konnten Sie die Ziele dieser linksgerichteten Bewegungen mit Ihrer städtebaulichen Herangehensweise verbinden?

PVA: Ich denke, dass es keinen direkten Zusammenhang zwischen bestimmten Auffassungen und bestimmten Vorhaben gibt. Forschung ist für uns nichts, was wir wörtlich in Projekte oder Entwürfe übertragen wollen; Forschung oder Interpretationen sind ein Instrument, um Sachverhalte zu problematisieren und kritisch gegenüber uns selbst und der Disziplin zu sein. Man bezieht sich wahrscheinlich aus Operaismus auf unser Interesse; das ist eine sehr wichtige Tradition, durch die wir die Abstammung und die Entwicklung der modernen Stadt hinterfragen können; etwas, das in der Kultur der Stadtforschung übersehen wurde. Zum Beispiel, dass die moderne Stadt selbst nicht aus dem Unternehmergeist des Kapitals resultiert, wie viele angenommen haben, sondern aus den sozialen Kämpfen, die das Kapital zu seinem Vorteil genutzt hat, um seine eigenen Infrastrukturen zu konzipieren und aufzubauen. Das ist die Lehre, die wir aus der Untersuchung des Operaismus ziehen, und das ist der Weg, den wir zwischen Praxis und Theorie beschreiten. Theorie ist kein Platz, an dem man Rezepte finden kann, sie ist ein Spannungsfeld.

Wie kann diese Haltung mit der Idee des Masterplans verbunden werden, der als eine lästige Pflicht interpretiert werden kann, die, statt Affinitäten zu erzeugen, gesellschaftliche Divergenzen durch das Projekt selbst aufzwängt?

MT: Einerseits sind wir sehr kritisch gegenüber der traditionellen Idee des Masterplans als Instrument für die städtebauliche Entwicklung: Wir glauben, dass der Masterplan, wie er traditionell gedacht war, sehr problematisch ist. Unsere Herangehensweise an das Stadtprojekt oder an das Grossprojekt beginnt nicht mit der grossen Geste – man kann auch sagen mit der lästigen Pflicht –, sondern mit dem winzigen Massstab der Wohneinheit, des Raums, oder, weiter gefasst, mit dem Massstab der Architektur. Sie beginnt nur bei dem Raum, dass wir durch klare Gesetze und Regeln etwas über die Stadt sagen können. Andererseits sollten wir uns nicht fürchten, dass der Kerngehalt der Architektur darin besteht, Grenzen zu definieren, eine Schranke zu setzen, einen Unterschied zwischen verschiedenen Voraussetzungen zu verzeichnen, einen Zwang aufzuerlegen. Kritisch bei den traditionellen Masterplanaktivitäten ist, wie eine bestimmte Auflage konzipiert, definiert oder vorgeschlagen wird.

PVA: Die heutige Entwicklung von Masterplänen ist auf billige Bilder oder eine idyllische Auffassung der Stadt reduziert. Porta Nuova in Mailand ist ein gutes Beispiel für diese Verzerrung: Architekten, Stadtplaner und Bauträger veröffentlichen Bilder, auf denen jeder glücklich zu sein scheint. In diesen Räumen gibt es keinen Platz für Zweifel, Konflikt oder gar Traurigkeit und Melancholie. Was der Masterplan verbirgt, sind all die Konflikte und gesellschaftlichen Schieflagen, die die Stadt von heute mit sich bringt. Der Masterplan selbst erzeugt eine ideologische *mise-en-scène*. Wogegen wir Einwände haben, ist die Notwendigkeit des *Projekts*. Ein Projekt beinhaltet den Versuch, eine Idee von der Stadt zu unterbreiten, bei der diese nicht einfach nur die Summe übrig gebliebener Räume ist, die von Kräften hervorgerufen wurden, die wir nicht erkennen können. Das Projekt ist eine Bemühung, sich ein umfassendes Szenario vorzustellen, das man sich vorstellen kann, das eine Form haben kann, das akzeptiert oder abgelehnt werden kann...

Wie würden Sie, da Sie die traditionelle Definition von Masterplan nicht akzeptieren, diesen entsprechend Ihrer Auffassung definieren?

PVA: Masterpläne waren immer schon eine ideologische Handlung. Ich will damit nicht sagen, dass das immer schlecht gewesen ist, es gibt auch Beispiele für interessante Masterpläne, doch der Masterplan ist ein weitschweifiges Instrumentarium, bei dem Bilder und Erwartungen von der Stadt innerhalb der Gesellschaft verbreitet werden. Ein Problem der heutigen Masterpläne besteht darin, dass Architektur sehr relativ wird. Heute herrscht häufig eine vollständige Trennung zwischen Architektur und Planung. Was wir zu tun versuchen, ist, das Stadtprojekt durch die Rolle spezifischer Archetypen und Typologien zu denken. Sich mit dem Stadtprojekt durch Architektur zu beschäftigen, ist eine Tradition, die wir heute komplett eingebüsst haben, weil bürokratische und administrative Kräfte Architekten veranlassen, Parametern völlig passiv zu folgen, und das ist das, was wir verhindern wollen.

MT: Wir wollten immer schon die Trennung zwischen Architektur, Stadtdesign und Stadtplanung umgehen. Während zum Beispiel diese Trennung in Schulen grösstenteils akzeptiert und gefördert wird, sind wir hingegen dafür, unsere Arbeit als Architekten als eine Einheit zu sehen, ohne Grenzen zwischen diesen verschiedenen Disziplinen, die sich zwischen Projekten wie Territorialplanungen und Privathäusern bewegt.

Und es ist vermutlich wegen dieses Vorhabens, dass Sie einen engen Zusammenhang zu Aldo Rossis *fatti urbani*-Theorie herstellen können...

PVA: Natürlich war das ein sehr wichtiger Einfluss auf unsere Tätigkeit. Das Problem ist, dass Rossi zu einem bestimmten Zeitpunkt seiner Karriere, sagen wir einmal in den frühen 1970er Jahren, seine interessanteste Arbeit aufgab, die als Versuch interpretiert werden kann, ein Projekt für die Stadt mittels dem begrenzten Bereich der Architektur zu erstellen. Rossi selbst wurde einer dieser Architekten, die wunderschöne Bilder liefern, die nur mit seinen eigenen persönlichen Obsessionen und Erinnerungen in Verbindung zu bringen sind. Es gibt keinen wesentlichen Unterschied zwischen Rossis Werk nach den 1970er Jahren und der Produktion heutiger Architekten: Es ist einfach ein Beharren auf Stil und Bildern, doch daneben herrscht kein besonderes Interesse an der Stadt in ihrer Gesamtheit.

Die Ablehnung von übertriebenem Design bei Ihren Projekten wurde bereits mit Ihrem ersten städteplanerischen Entwurf deutlich. Cacciari stellte solch eine Absicht in seinen Schriften über Mies van der Rohe heraus und bezeichnete es als "Mies'sche Ablehnung", die diesem Bestreben als letzte Möglichkeit für einen Architekten zu Grunde lag. Würden Sie bestätigen, dass Sie in diesem Bereich diese Position beziehen, damit Sie sich der modernen Stadt zuwenden können? Ist Ablehnung genug als Standpunkt?

PVA: Wir müssen klar umreissen, was wir als Ablehnung bezeichnen: Solange wir glauben, dass das, was wir tun, nicht nur die blosse Ausführung eines erteilten Befehls oder Auftrags ist, sondern etwas *mit Potenzial*, dann müssen wir Ablehnung als eine Option betrachten. Wenn wir nicht das natürliche Potenzial dessen erkennen, was wir tun, dann werden wir zu Maschinen, die einfach programmiert sind, das auszuführen, was auch immer uns aufgetragen wird. Diese Ablehnung ist keine *negative* Haltung - natürlich hat sie ein negatives Wesen -, sondern ist eine Art und Weise, sich das Potenzial dessen zu bewahren, was wir tun können oder nicht können.
Was Mies' Ablehnung übertriebenen Designs anbelangt, so würde ich die Parallele zwischen Mies' Herangehensweise und John Cages Idee der Stille, wie sie in seiner berühmten Komposition *4'33''* zum Tragen kommt, als interessanter erachten. Sowohl Mies als auch Cage scheinen erkannt zu haben, dass Ruhe nicht rein sein kann. Sie erlauben beide auf ihre eigene Weise, das kleinste Quäntchen unserer lauten Welt zu hören. Diese Art der Stille ist keine komplett hermetische Abkoppelung von der Welt. Im Gegenteil, es ist eine Methode, konzentrierter zu sein, wesentlich mehr als gewöhnlich hören zu können. Mies und Cage geben Dingen Raum, die anderenfalls nicht gehört würden.

MT: Unsere Ablehnung ist weit davon entfernt, eine ästhetische Entscheidung und die Präferenz einer bestimmten Idee von Schlichtheit in der Architektur zu sein. Vor allem bei unseren städtischen Projekten herrscht in erster Linie ein grosses Interesse an Wohntypologien und nicht so sehr an Volumina und Richthöhen. So gibt es sicherlich einen Verzicht auf bestimmte Zeichen oder Aspekte, die einen traditionellen Teil der Architektur darstellen, doch diese Negierung ist notwendig, damit wir uns auf das konzentrieren können, was uns am meisten interessiert und was wir als am wichtigsten betrachten. Einige unserer Projekte können auf den ersten Blick sehr schlicht wirken und könnten als eine Form von Verzicht beschrieben werden, doch wenn man sie genau betrachtet, dann enthüllen sie eine andere Reihe von Anliegen, die heute tendenziell in den Hintergrund treten mögen.

In Projekten wie *Stop City, Locomotive 3* und anderen ist das Ziel, städtische Leerräume zu schaffen, ein wesentlicher Teil einer Strategie, die zur Erzeugung eines städtischen *Kosmos* führt. Was ist für Sie die notwendige Bedingung einer solchen Absicht, städtische Leerräume zu überdenken und nicht zufällig unspezifisches Terrain zu produzieren?

MT: Bei vielen Entwürfen haben wir uns dem Problem, städtische Gebiete umzugestalten, aus einem dem traditionellen Stadtprojekten entgegengesetzten Blickwinkel genähert. Anstatt uns auf das Gebaute zu konzentrieren, haben wir das Strukturierungspotenzial des Unbebauten erkannt. In vielen Fällen zeichnen sich diese Standorte durch eine enorme Fülle von Materialien, Zeichen und Spuren aus, die sich dort über einen langen Zeitraum angehäuft haben. Wir sehen unsere Rolle deshalb wie einen Versuch, Ordnung in etwas zu bringen, das bereits existiert, und nicht etwas Neues zu einer bereits übermässig komplexen Situation hinzuzufügen. Mit dieser Herangehensweise wird der Umstand, dem sogenannten städtischen Leerraum eine erkennbare Form und Funktion zu verleihen, fundamental, und mit ihr würde man auch verhindern, dass dieser zu einem neuen unspezifischen *terrain vagues*.

Ist das eine Frage des Massstabs?

PVA: Es ist eine Frage des Massstabs in einer Welt, die total urbanisiert wurde. Martino hat gerade etwas sehr Wichtiges gesagt: Wenn man grossartige Architekten wie Le Corbusier oder Ludwig Hilberseimer als Beispiele nimmt, dann wird man sehen, dass sie den Entwurf – die Stadt als Projekt – immer von der gebauten Masse her betrachtet haben. Wir sind jedoch der Ansicht, dass die Herangehensweise genau entgegengesetzt sein sollte. Die Frage ist, wie man Augenblicke der Erholung, der Ruhe in einem überbauten Terrain schaffen kann; wie man sich städtische Leerräume nicht länger als übrig gebliebene Fragmente vorstellen kann, sondern als Dreh- und Angelpunkte der Stadt.

Wie kommunizieren Sie in einer Gesellschaft, in der Profit der massgebliche Beweggrund ist, den Kunden diese Idee, Raum zu schaffen, der nicht der rentabelste ist?

MT: Er ist nicht nur nicht rentabel. In vielen Fällen benötigen diese Räume Pflege und Instandhaltung und gelten als potenziell problematisch. Doch Sie müssen berücksichtigen, dass Kunden verschieden sind und nicht alle von ihnen nach wirtschaftlichem Erfolg trachten. Es gibt Privatkunden, aber auch öffentliche Auftraggeber, und in vielen Fällen verkörpern sie noch die Garantie, dass bestimmte Ideen noch umgesetzt werden und dass die Stadt nicht nur das Ergebnis privater Kräfte ist.

PVA: Natürlich ist es überhaupt nicht einfach. Das Stadtprojekt ist ein Projekt auf Lebenszeit, es ist nicht möglich, es mit einer Stellungnahme oder einem Manifest erschöpfend zu behandeln. Es unterliegt einem langen Umgestaltungsprozess: Man kann einige Samen pflanzen, und sie können zu einem späteren Zeitpunkt erblühen...

Ja, doch welche Position können wir einnehmen, seit die kapitalistische Macht die Urbanisierung zur Geldanlage nutzt, um einen Überschuss zu erwirtschaften; und seit wir als Architekten irgendwie - vielleicht zufällig - dieser Macht Ausdruck verleihen?

PVA: Das ist natürlich ein schwieriges Thema, und wir - Dogma - haben uns niemals darin verstiegen, für dieses Problem eine Antwort zu finden. Im Übrigen muss hier etwas Wesentliches gesagt werden: Ein Projekt anzunehmen, bedeutet natürlich, die Interessen eines anderen zu vertreten, doch ein Architekt ist nicht nur jemand, der ein *Diktat* annimmt und ausführt. Ein Architekt ist jemand, der auch abwägen kann. Ein Architekt sollte niemals naiv sein, sondern sollte sich vielmehr der tatsächlichen Lage der Dinge bewusst sein, und dann kann man Position beziehen und entscheiden, nicht an dem Apparat teilzunehmen. Wir sind Menschen, die denken können und die Freiheit haben zu sagen: «Nein, das will ich nicht tun»; oder zumindest können wir versuchen, die Situation zu diskutieren und vollständig zu verändern. Manchmal ist das nicht möglich und der Rückzug von einem Auftrag der einzige Weg. Von einem Auftrag zurückzutreten, ist ein Szenario, das ein Architekt immer einkalkulieren sollte, anderenfalls werden wir nur noch zu Ausführenden.

Eine Position beziehen bedeutet auch, die Konsequenzen der eigenen Entscheidungen zu akzeptieren und sich ihrer gewahr zu sein.

Es geht also wieder um Ablehnung...

MT: In diesem Fall ist es eine sehr konkrete Form der Ablehnung. Wie auch immer, die Rolle und Position des Kunden ist wesentlich. Das ist heute ein wirkliches Problem, ein Problem, dem wir uns stellen müssen: Während der Missstand unseres Faches auch die Schuld der Kunden ist, sind Architekten mit ihrer Oberflächlichkeit zugleich voll verantwortlich für das Handeln der Kunden.

In Ihrer Arbeit besteht eine Spannung, die Grenze zwischen möglichen Massnahmen hinsichtlich eines Problems infrage zu stellen. Betrachten Sie Ihre Entwürfe als hyperrealistische Schilderungen unserer Gesellschaft oder als Projekte, die es zu bauen gilt?

PVA: Was wir bislang gemacht haben – abgesehen von unserem Projekt zu Piranesis Campo Marzio –, war niemals dafür gedacht, auf dem Papier zu bleiben. Unsere Entwürfe sind keine Bilder: Sie sind reale Projekte. Wir hoffen wirklich, eines unserer Projekte auch bauen zu können, und das wird nur geschehen, wenn wir nicht die Kohärenz unserer Herangehensweise aufgeben. Es ist sicher etwas wert, sich nicht einem Bautrieb zu unterwerfen. Martino und ich haben immer, auch bei unserer wissenschaftlichen Tätigkeit, uns selbst und auch unsere Studenten dazu angetrieben, mit einem ganz zuverlässigen Konstruktionsbewusstsein zu entwerfen. Wir stellen unsere Arbeit nicht als provokativ oder utopisch dar. Wir lehnen diese Lesart unserer Arbeit wirklich ab. Wir waren niemals an Utopie interessiert, und so müssen wir auch keinen Sprung oder keine Wandlung hin zu etwas anderem als zur Theorie machen. Theorie ist nichts, was dem Beruf fremd ist, doch das ist ein allgemeines Problem unserer Zeit. Wir lehnen diese Obsession der Kategorisierung zutiefst ab. Architektur ist *ein* Denken: Man kann es nicht fragmentieren, und diese Differenzierung macht auch nicht viel Sinn. Wir glauben, ein gebauter Entwurf kann genauso theoretisch sein wie ein Buch, und umgekehrt kann ein Buch genauso konkret sein wie eine gebaute Struktur. Wir verfolgen wirklich diese Idee der *Einheit* in der Architektur.

Und bestimmt hat Rem Koolhaas wirklich versucht, Architektur als Kriegsmaschine zu intendieren und deshalb die Disziplin als eine Einheit darzustellen...

PVA: Er ist noch einer der wenigen zeitgenössischen Architekten, den wir interessant finden. Koolhaas kann mitunter sehr ideologisch und oberflächlich sein, doch er hat immer ein Argument, und das ist das, was seine Arbeit über seine Gebäude und Entwürfe hinaus so einzigartig und interessant macht. Er nimmt die Architektur sehr ernst und betreibt sie nicht als nutzlose Stilübung.

Pier Vittorio Aureli and Martino Tattara leben und arbeiten als Architekten in Brüssel.

Hannes Meyer

CO-OP Zimmer

1926

1-2 DOGMA (in Zusammenarbeit mit Studio B&L)
Easier Taken Slow, Masterplan für den Korridor Durrës-Tirana (Albanien)
Wettbewerb, 2014

3 DOGMA (in Zusammenarbeit mit Raumbureau)
Magnet, Masterplan für eine neue Wohnsiedlung, Biel
Wettbewerb, 2014

4 DOGMA (in Zusammenarbeit mit Alice Bulla und Sebastiano Roveroni)
Locomotiva 3, Vorschlag für das Gebiet von Spina 4, Turin (Italien)
Wettbewerb, 2010

5-8 DOGMA
Communal Villa. Production and Reproduction in Artists' Housing
Forschunf, unterstützt vom Haus der Kulturen der Welt, Berlin, 2015

9-12 DOGMA
Park city, Studie über die Transformation von Typologien des Lebens in Limburg.
Forschungsprojekt, 2017

13-15 DOGMA (in Zusammenarbeit mit Black Square)
Like a Rolling Stone, Projekt für *boarding houses* in London (GB)
Forschungsprojekt und Installatior für die Architekturbiennale in Venedig 2015, Britischer Pavillon, 2016

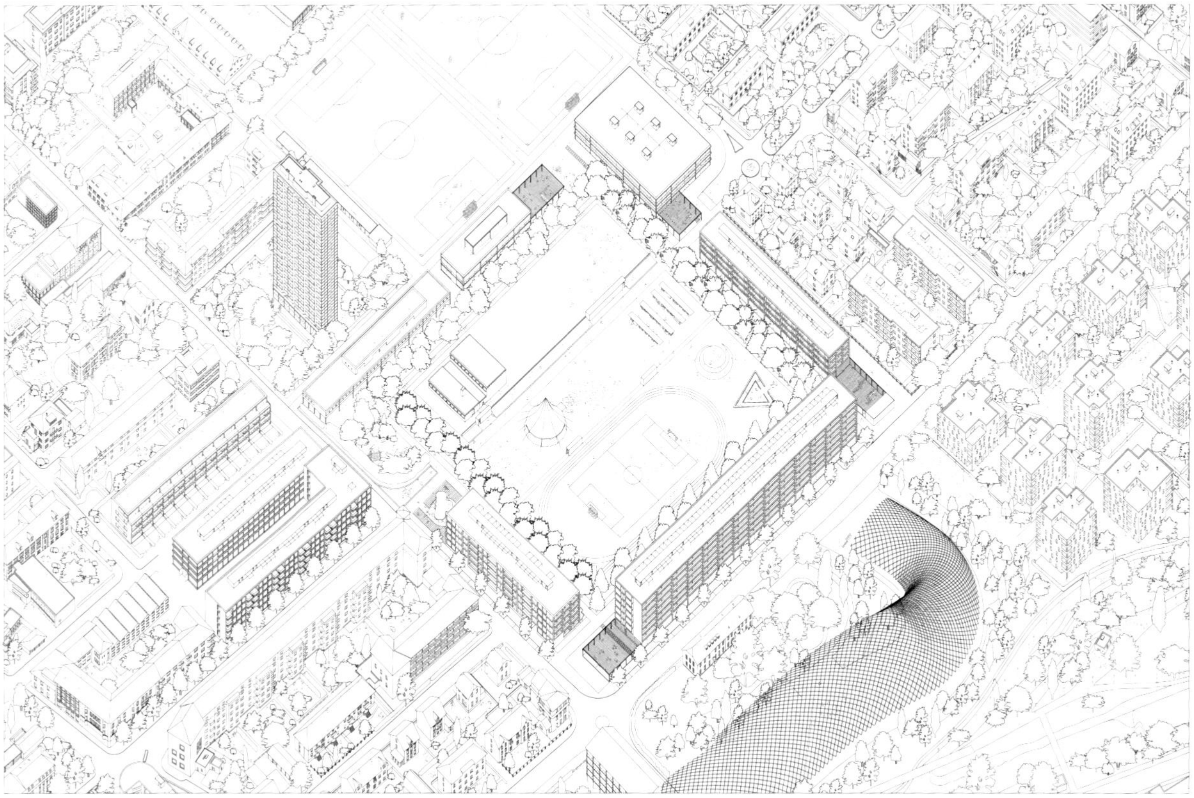

COMER

STAND ON MOON

DANDY

BOB DYLAN HIGHWAY 61 REVISITED

PHILIP
SCHA

P

ERER

Ich denke, wir leben in einem visuellen Umfeld, dessen Ästhetik zunehmend von digitalen Medien bestimmt wird, und wir verwandeln uns in Anwender von vordefinierten computer- und softwarebasierten Verarbeitungstechnologien. Die auf diese Weise geschaffene Ästhetik ist immer austauschbarer geworden. Eine reiche Vielfalt visueller Erscheinungsformen ist nun auf dem besten Wege zu verkümmern, sei es im Bereich der Architektur, der bildenden Künste, der Fotografie oder anderer Entwurfsdisziplinen, die heutzutage Gebrauch von computerbasierten Verarbeitungstechniken machen. Es ist an der Zeit, spezifischere und individuellere Ausdrucksformen mit Computern zu entwickeln und eine kreativere Herangehensweise an computerbasierte Technologien zu erreichen. Dies bedeutet, die klar definierten Anwendungsszenarien und vorgegebenen Einstellungen des Programms zu umgehen und die eigenen weniger eingeschränkten Verarbeitungsketten und die eigene Ästhetik zu erarbeiten.

Dieses Gespräch mit Philipp Schaerer fand am 15. Juli 2016 und am 18. Oktober 2016 via Skype statt.

Sie sind Architekt, doch seit Sie die Universität verlassen haben, scheint sich Ihr Fokus von der Architektur mehr und mehr hin zum Bereich der Künste und der bildlichen Darstellung verlagert zu haben, ohne dass Sie jedoch der Architektur definitiv den Rücken gekehrt hätten. Wie würden Sie das beschreiben, was Sie im Moment tun?

Ich bin ursprünglich graduierter Architekt, doch ich arbeite heute als bildender Künstler im Bereich digitaler Bildbearbeitung. Ich bin an der Schnittstelle zwischen Architektur, Fotografie und Grafikdesign tätig und untersuche dabei digitale Bildstrategien. Gleich, ob das die Herstellung abstrakter Bildkompositionen durch das Zusammenstellen digitaler Bildkomponenten und von Elementen aus 3D-Modellsammlungen beinhaltet oder ob das Erfinden und Erstellen fotorealistischer Bilder mithilfe von Bildsynthese oder digitaler Bildbearbeitung von Grund auf erfolgt. Grundsätzlich wird bei meiner Arbeit die Freiheit durch zweidimensionale Abbildungsverfahren und das zunehmende Verwischen der Grenzen zwischen einem Bild und der bildlichen Darstellung der Realität genutzt.

Auf Ihrer Website ist Ihr Werk in «Arbeit/Serien» und «Aufträge» unterteilt. Wie stehen diese beiden Bereiche miteinander in Verbindung, und inwiefern überschneiden und beeinflussen sie sich?

Der Bereich «Aufträge» auf meiner Website betrifft eher meine Vergangenheit. Dabei handelt es sich um in Auftrag gegebene architektonische Visualisierungen, die ich zwischen 2001 und 2012 für eine Reihe von Büros angefertigt habe. Ich würde sagen, dass diese Bilder nicht mehr auf meine Website gehören, jedoch zu meiner Biografie. Ich denke, einige Bilder, vor allem aus der Zeit, als ich mit Herzog & de Meuron oder mit Made in zusammengearbeitet habe, haben noch eine bestimmte Relevanz und zeigten schon damals ein spezifisches Interesse an der Produktion von Architekturbildern. Der Fokus lag darauf, Bilder zu liefern, die nicht hyperfotorealistisch waren, sondern daran zu denken, dass Visualisierungen in dem Bereich gemacht werden, in dem es das Potenzial gibt, wirklich das zum Ausdruck zu bringen, was zum Verständnis des Projekts – der Idee – nützlich ist. Die Frage war: Wie kann ich Bilder schaffen, die nicht als Kopie der Realität betrachtet werden, sondern vielmehr Bilder, die versuchen, eine imaginierte, mögliche Realität zu visualisieren. Durch eine selektive Bearbeitung der Bildkomponenten versuchte ich, ein Gleichgewicht zwischen Realismus

und Fiktion herzustellen und Bilder zu produzieren, die nicht nur einer reinen Umsetzung fotografischer Darstellung folgen, sondern auch eine anschauliche Haptik ihrer eigenen visuellen Realität schaffen können.
Heute stelle ich nur noch selten architektonische Visualisierungen für Büros her, stattdessen konzentriere ich mich stärker auf Werke, die keine Auftragsarbeiten sind (Werkfolgen). Ich habe noch einige Aufträge, die jedoch andersartig sind. Ein Beispiel wäre etwa ein Auftrag für ein Bühnenbild in den USA – für ein Stück mit dem Titel *Pandæmonium*, ein filmisches Tanztheater – von der Nichole Canuso Dance Company und der Early Morning Opera; oder einige *Kunst am Bau*-Projekte, das letzte war in Baden, wo ich eine kleine Installation im Treppenhaus eines mehrgeschossigen Wohngebäudes geschaffen habe. Ausserdem gibt es auch die ständige Zusammenarbeit mit dem Architekten Roger Bolthauser, wo ich während der Projektentwicklung zum Einsatz komme, das heisst, ich visualisiere nicht einen fertigen Entwurf, sondern entwickle Bildfolgen und visuelle Ansätze als Entwurfsvarianten. Wir untersuchen, wie gemeinsam genutzte Digitaltechniken die Schaffung von Architektur und deren fotografische Darstellung mittels Bildern beeinflussen.

Was ist mit den Bildern, die hinter Ihnen an der Wand Ihres Büros hängen?

Das ist eine Art Themen- und Inspirationstafel – eine Collage von gedruckten Gegenständen wie Bildern, Mitteilungen, Postkarten –, visuelle Fragmente, die ich stimulierend oder faszinierend finde und die häufig als Ausgangspunkt für meine visuellen Recherchen dienen. Im Moment zum Beispiel ist es eine Zusammenstellung von Postkarten – von Gemälden des Bergs Niesen, den ich auch von meinem Atelier in Steffisburg sehe. Es sind Gemälde von Malern des 18. und 19. Jahrhunderts, auch von Ferdinand Hodler, August Macke, Paul Klee, Cuno Amiet oder Johannes Itten; der Niesen wurde fast ausnahmslos von Norden aus gemalt, wo sich die natürliche Symmetrie des Berges mit seiner ausgeprägten Dreiecksform zeigt. Abstrakte Darstellungen, in denen der Berg seine grösste auratische Präsenz aufweist, haben mich besonders angezogen. Ich wollte das Genre der abstrakten Landschaftsmalerei in den digitalen Arbeitsbereich übertragen und den Berg mit direkt aus Google Earth übernommenen 3D-Daten abbilden – wie ein zeitgenössischer «Maler», der in dieser Parallelwelt oder in diesem virtuellen Raum steht und mit dem aktuellen Material und den aktuellen Techniken arbeitet – in diesem Fall mithilfe von Computerdarstellungen.
Auch hier war das Ziel nicht, eine fotografische Darstellung zu imitieren, sondern vielmehr ein atmosphärisches, abstraktes Bild, das seine eigene Realität erschafft [Bilder 15–23].

Wie und wie stark beeinflusst das Bild - sei es eine Fotografie, eine Visualisierung oder eine Modelldarstellung - die Art und Weise, wie Architekten arbeiten?

Es ist wahrscheinlich wichtig, in diesem Zusammenhang den Begriff "Bild" zu differenzieren. Es gibt mehrere Bedeutungen. Die erste, auf die Sie sich vermutlich beziehen, steht in direktem Zusammenhang mit einem Träger oder Medium - eine Fotografie, ein Gemälde, ein Bild, das man auf dem Bildschirm sieht.
Die andere Bedeutung von "Bild" ist abstrakter, ungegenständlicher, mit unserer Fantasie verbunden und kann als "ein Bild oder eine Idee von etwas" verstanden werden. Ich denke, es besteht kein Zweifel darüber, dass Architektur und Bilder immer eng miteinander verbunden waren und dass Architekten häufig von beiden "Bildtypen" Gebrauch machen. In ihrem Streben nach einem Design wenden sich Architekten zweifellos zuerst einmal der grafischen Form zu, um "ein Bild oder eine Idee von etwas" zu entwickeln. Von solchen Bildern werden Fragmente oder Versatzstücke gezeichnet, um neue Entwurfsszenarien zu schaffen. Die daraus resultierenden Bilder wie Fotografien, Perspektiven oder Skizzen werden dann für die Darstellung und zu Kommunikationszwecken verwendet. Von Beginn unserer Architektenkarriere an wurden wir an der Universität geschult, Architektur mithilfe eines aufwendigen Medien und Bilddarstellungskonstrukts zu diskutieren und sogar zu definieren.
Das Bild ist zweifellos zum mächtigsten Medium der standortunabhängigen Verbreitung visueller Inhalte avanciert. Ohne irgendeinen besonderen Träger kann es nach Belieben vervielfältigt und überallhin transportiert werden. Die wachsende Verwendung des Bildes spiegelt sich in der Architekturpublikation wider. In gedruckter Form oder online sind die Inhalte für Grafiken und Bilder eingenommen. Das Produzieren von Bildern ist ein integraler Bestandteil der Architekturproduktion geworden. Behält man das im Hinterkopf, so ist es heute meines Erachtens allzu offenkundig, dass Architekten sich bei der Entwicklung des Entwurfs zunehmend Bildtechniken zuwenden, um das Erscheinungsbild des Entwurfs von Anfang an zu überprüfen und zu kontrollieren. Es ist fast unerlässlich geworden, das potenzielle Aussehen des Projekts so früh wie möglich zu prüfen, damit man zur Steigerung seiner optischen Klarheit und seiner Wettbewerbsfähigkeit notwendige Korrekturen vornehmen kann. Das ist insbesondere von Bedeutung, wenn man das heutige Klima des Massenkonsums quer durch alle Regionalmärkte sowie die beschleunigte Kommunikation betrachtet, wo wir ohne Unterlass mit visuellen Bildern bombardiert werden. Die Einbettung von Bildern in die Entwicklung und Produktion von Architektur hat zweifellos zugenommen. Wir müssen uns jedoch davor in Acht nehmen, dass wir Architektur nicht nur in ihrer zweidimensionalen Darstellung entwickeln und beurteilen, was zur Produktion von Gebäuden führen könnte, die online gut aussehen, denen es jedoch in Wirklichkeit an Raumfülle fehlt.

Wenn Sie bei einem Architekturprojekt in die Visualisierungen einbezogen sind, tragen Sie dann auch zur Entwicklung des Entwurfs bei?

Derzeit mache ich nur sehr wenige architektonische Visualisierungen für Büros. Wie bereits zuvor erwähnt ist die Arbeit mit Roger Bolthauser eine Ausnahme und eine Langzeitkooperation, bei der ich schon frühzeitig in verschiedene laufende Projektentwicklungen eingreife. Das bedeutet nicht die Visualisierung eines fertigen Entwurfs, sondern die Entwicklung visueller Ansätze für verschiedene Aspekte des Designs. Bei dieser Kooperation bin ich eher als visueller Berater tätig für die Schöpfung von bildbasierten Varianten und Vorschlägen für ein spezifisches architektonisches Thema.
Ein Beispiel wäre etwa ein Projekt mit dem Titel *Ozeanium* in Basel, für das der Wettbewerb bereits gewonnen war - meine Arbeit bestand darin, bildliche Simulationen für die Materialbeschaffenheit und Veredelung der Fassade zu entwickeln. Der Architekt, Bolthauser, hatte die Idee, mit einem Arrangement aus Adobe und Ziegelsteinen zu arbeiten, und ich machte eine Reihe von Profilstudien verschiedener Materialkompositionen und Verblendungen [Bilder 2-5].

Der Bereich, der dem, was Sie tun, am nächsten steht, scheint die Architekturfotografie zu sein, da sich die Bilder, die Sie produzieren, durch eine neutrale Ästhetik und eine grosse Detailgenauigkeit auszeichnen, was typisch ist für die Fotografie. Angenommen, dass die Fotografie in der Architektur selten eine genaue Dokumentation der Realität ist, sondern häufig eine charakteristische Interpretation beinhaltet, da Bilder nicht nur einen Zugang zum Objekt bieten, sondern durch ihre Darstellung auch etwas Neues entstehen lassen: Könnten Sie erklären, wo die Grenze liegt zwischen diesem und einem digital erzeugten Bild?

Ein Fotograf muss mit den Elementen arbeiten, die sich da draussen finden - die reale Umwelt. Durch die Wahl der Entfernung, des Blickwinkels, der Zeit, des Lichtes und der Art der Linse kann er mit seiner Kamera eine neue Sicht von etwas schaffen, doch er wird niemals in der Lage sein, die Szene zu erfinden oder grundlegend neu zu gestalten. Ein Fotograf muss die physischen Gesetze anerkennen, an welche die materialisierten Objekte der Szene gebunden sind. Er kann nicht mit der Schwerkraft oder der Lichtoptik wetteifern, er kann keine Atome besiegen - zum Beispiel eine Pflanze mit einem Stein verschmelzen. Im Gegensatz dazu erlaubt die Computerdarstellung bei der Arbeit mit einer virtuellen Szene die fotorealistische Wiedergabe einer gänzlich fiktionalen Szene, die weit entfernt ist von physischen Zwängen und der Schwerkraft. Alles ist möglich.

Ja, doch könnten wir noch genau definieren, was der Unterschied zwischen der Architekturfotografie und Ihrer Arbeit ist?

Meine Arbeit besteht nicht darin, Fotografien von existierenden Gebäuden zu machen. Ich arbeite hauptsächlich mit digitalen Bildbearbeitungstechniken – mit denen ich ohne die Verwendung einer Kamera Bilder manipuliere, collagiere oder generiere. Mein Instrument ist der Computer und nicht die Kamera. Ich erstelle fiktionale Bildkonstrukte (von der natürlichen und gebauten Umwelt), indem ich eine potenzielle Realität erfinde. Das ist sehr eng mit der Tätigkeit eines Architekten verwandt: Ein Architekt antizipiert stets und versucht ständig, ein potenzielles Stück gebauter Zukunft zu gestalten. Traditionsgemäss sind wir noch daran gewöhnt, eine abstrakte Darstellung mit einer Idee oder einem Konzept von etwas in Verbindung zu bringen – was völlig unabhängig von der äusseren physischen Realität sein kann, und im Gegensatz dazu neigen wir immer noch dazu, fotorealistische Bilder dokumentarisch zu interpretieren – als Bilder, die etwas Existierendes darstellen.
Doch die Dinge haben sich in jüngster Zeit endgültig geändert. Die schnelle Entwicklung von Computer- und Informationstechnologie hat das Verhältnis zwischen Bild und Architektur ebenso wie auch deren Wahrnehmung grundlegend gewandelt. Die digitale Bildbearbeitung erlaubt die Schaffung von Bildern, die optisch kaum von einer Fotografie zu unterscheiden sind. Neben den konventionellen, zumeist abstrakten Bildtypen, die bislang in der Entwurfs- und Planungsphase verwendet wurden – Skizzen, Pläne, Aufrisse oder Axonometrien –, kommt nun ein neuer Bildtyp zum Einsatz: ein Bild, das eine Fotografie zu sein scheint. Im Architekturkontext ist dieser Bildtyp ausschliesslich mit dem Bild gebauter Architektur in Verbindung gebracht worden. Nun wird er zunehmend eingesetzt, um etwas real erscheinen zu lassen, was noch gar nicht gebaut wurde. Dies führt zu Verwirrung – was sich auch an Ihrer Frage zeigt – und stellt die Forderung nach der Realität von Bildern infrage, die Fotografien zu sein scheinen.
Der Umstand nun, dass der Architekt in zunehmendem Masse Entwurfsideen durch digitale Abbildungsverfahren vermittelt, bindet ihn mehr und mehr an die Funktionalität und die uniforme Ausdrucksfähigkeit, die ihm die von ihm verwendeten Anwendungen «bieten». Die auf diese Weise geschaffene Bildästhetik ist mehr und mehr stereotypisiert und austauschbar geworden – vor allem in den heutigen Architekturrenderings. Es scheint, als ob eine grosse Bandbreite von visuellen Erscheinungsformen auf dem besten Wege wäre zu verkümmern. Ich bin wirklich besorgt über diese Ästhetik «von der Stange», und deshalb versuche ich, eine aufgeschlossene Geisteshaltung in meinen Kursen an der EPFL zu fördern, indem ich digitale Bildbearbeitungstechniken auf experimentelle und unkonventionelle Weise einsetze.

Wir würden gerne mit Ihnen über Ihre atemberaubende Arbeit *Diary* [Bild 1] sprechen. Sie hat die Qualität, einen die von Ihnen angehäufte Datenmenge erkennen zu lassen. Könnte man vielleicht sagen, dass dieses Bild ein abstraktes und fortlaufendes Porträt Ihres Lebens und Ihres Handelns ist?

Es ist ein unmittelbares Porträt oder ein Schnappschuss meiner geordneten Daten, die ich über die Jahre angesammelt habe. Ich habe seit 1998 Bilder, Fotografien, Grafiken, Pläne, Entwürfe, Texte und Layoutdokumente in digitaler Form gesammelt und seit 2004 für deren Speicherung eine Mediendatenbank verwendet. Die Daten wurden entsprechend Kriterien verschlagwortet, die ich ebenso kohärent wie intuitiv finde, in die Datenbank importiert und dann mit Stichwörtern gekennzeichnet. All diese Daten beanspruchen keinerlei physische, materielle Erweiterung. Mithilfe der Suchmaske bin ich in der Lage, schnell und leicht durch dieses Universum zu navigieren und das zu finden, was ich suche. Doch alles, was ich am Computer sehen kann, sind lediglich Untergruppen, die aus dem Zusammenhang gerissen, klar voneinander getrennt und nur Teile eines Ganzen sind. Ich wollte den Daten eine physische Erweiterung zuweisen, sie als Ganzes erfahren und ihnen die Qualität sinnlicher Wahrnehmung übertragen. Mit *Tecture* haben wir ein grossformatiges Buch produziert, das eher ein Konzept an sich als eine Abfolge von Inhalten ist. Es ist eher ein Objekt, und wir haben angefangen, daran zu arbeiten, an einer Art Buchboxset, das eine erweiterte Form des Films sein soll und uns ermöglicht, diese Montagen in Foto- und Textstrecken zu verwandeln.

Philipp Schaerer lebt und arbeitet als bildender Künstler in Zürich, Lausanne und Steffisburg.

Renè Magritte

La Reproduction interdite

1937

1 Philipp Schaerer

Diary 06.07.2007-18.05.2010

Aufzeichnung, 2010

2-5 Philipp Schaerer

Ozeanium Serie (Auswahl)

im Uhrzeigersinn von oben links:

No B, No L, No G , No I,

Bildmontage, 2013

6-14 Philipp Schaerer

Capriccio Serie (Auswahl)

Bildmontage, 2015

15-23 Philipp Schaerer

Niesen

Computer rendering, 2016

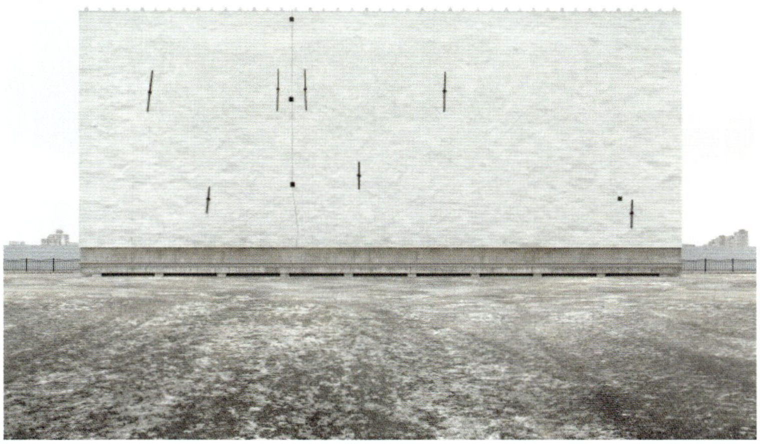

GO

HASE

GAWA

Architekt ist ein Beruf, der mit der Zeit immer eine Art *Dilemma* bereithalten muss. Einerseits ist da die Vergangenheit, sagen wir die Geschichte der Architektur, und andererseits die Zukunft, weil von uns Architekten auch erwartet wird, dass wir etwas Neues vorschlagen. Das ist mit der Zeit ein Dilemma, das mir sehr gefällt und das vielleicht der Grund ist, warum ich Architektur mache. Ich denke, dass die Auswahl, wenn man sich nur auf einen von zwei Aspekten konzentriert – Vergangenheit oder Zukunft –, nicht so interessant ist. Die Frage ist, wie wir über dieses Dilemma denken, wenn wir uns sowohl mit dem Thema Geschichte als auch mit der Gegenwart in einer einzigen Architektur beschäftigen, ich denke, das ist ein ganz besonderer Aspekt des Architektenberufs.

Architektur hat sehr viel mit Menschen zu tun; wir fahren niemals mit den gleichen Dingen fort, wir haben nie aufgehört, irgendetwas zu verbessern, und weil sich der Sinn des Lebens immer wandelt, verändert sich auch die Architektur immer. Der Beruf ist niemals gleichbleibend, weil er sich dieser Veränderungen bewusst sein muss.

Dieses Gespräch mit Go Hasegawa fand am 7. März 2016 in der Bar Otto in Mailand statt.

Wenn man sich Ihre Projekte ansieht, dann scheint es, als gäbe es ein gemeinsames Motiv, das alle antreibt. Wir würden Sie diese treibende Kraft definieren?

Ich kann ein Beispiel dafür geben. Ich habe das Gefühl, dass in meiner eigenen Arbeit Proportionen immer ein wesentliches Element waren: eine gemeinsame zentrale Idee in all meinen Projekten.
Proportionen sind, wie Sie wissen, eines der Hauptkonzepte in der Architektur, doch gleichzeitig finde ich noch eine Menge Möglichkeiten, das Thema auszuloten, und ich glaube, dass es einen neuen Weg der Anwendung von Proportionen gibt, den man bei jedem Projekt anders nutzen kann. Ich interessiere mich nicht für Proportion wegen der Schönheit, sondern wegen eines neuen Bezugs. Das ist immer der Kern meines Schaffens. Ich interessiere mich auch für Architekturelemente – *pilotis*, Balkone, Dächer und so weiter. Als ich Student war, besuchte ich etliche Gebäude berühmter Architekten, die einen grossen Einfluss auf mich hatten. Gleichzeitig hatte ich das Gefühl, dass das irgendwie schade war, weil ihre Gebäude wunderbar aussahen, jedoch sehr isoliert waren oder gar ihr Umfeld negierten. Seit meinen Studentenzeiten interessiert mich, wie man ein grossartiges Bauwerk gestalten könnte, doch zugleich wollte ich nicht einfach das Umfeld leugnen. Deshalb konzentriere ich mich auf Architekturelemente, durch die ich eine Verbindung zur Umgebung herstellen kann, und ich versuche auch, durch solche Elemente neue Raumerfahrungen zu schaffen, weil ich weiss, dass diese Elemente wirklich im Zusammenhang mit dem Leben der Menschen stehen.
Architektur ist ein Medium, ich möchte ein Gebäude nicht als Objekt betrachten. Ein Gebäude existiert nur durch die zahllosen Bezüge, die ich zum Beispiel zu seinem Kontext, seinem Leben, seiner Struktur, seiner Geschichte, der Stadt, der Welt herstellen kann...
Ich weiss, dass eine neue Proportion der Elemente eine Art gemeinsames Merkmal meiner Gebäude und meiner Untersuchungen ist, so haben meine Gebäude eine Art gemeinsamen Nenner mit anderen Gebäuden, und gleichzeitig sind sie völlig anders. Mir gefällt dieses gegensätzliche Konzept in einem Gebäude, das man vielleicht als Dualität bezeichnen könnte. Ich denke, dies spiegelt meine Haltung sehr gut wider.

Dürfen wir fragen, welches Ihre Vorstellung von Proportionen ist? Wenn Sie von Proportionen sprechen, dann haben Sie wahrscheinlich im Vergleich zu einem Europäer eine besondere Bedeutung im Sinn. Für uns Europäer bedeutet Proportion Massstab, Harmonie...

Ja, ich glaube, dass Europäer zu sehr an Proportionen glauben (*lacht*), weil Proportionen gewöhnlich für Ordnung und Schönheit stehen, wie auch die Geometrie, der Goldene Schnitt, der *Modulor* von Le Corbusier usw., und sie beachten diese grundsätzlich auch. Doch ich empfinde es als ein wenig zu dogmatisch, an ein solch strenges Proportionssystem zu glauben. Kenzo Tange und Kazuo Shinohara zum Beispiel interpretierten beide die Konzepte europäischer Architektur nach dem Krieg, um eine moderne japanische Architektur aufzubauen, und sie analysierten die traditionelle japanische Architektur - wie etwa die Katsura-Villa -, um die richtigen Proportionen zu finden. Nichtsdestotrotz war es meiner Ansicht nach eine europäische Denkweise, nach Proportionen für Ordnung und Schönheit in den traditionellen japanischen Bauwerken zu suchen. Ich folge nicht einer absoluten, sondern vielmehr einer relativen Proportion, um eine irgendwie geartete Formulierung für Proportion zu finden, Proportion für die Schilderung oder einen Zusammenhang. In meinen Bauwerken versuche ich, eine Form von Geschichte zu entwickeln, die aus Proportionen besteht. Eine solche Art von Proportionen ist äusserst spezifisch, und sie sagt häufig etwas aus. Mitunter, was sie über die Beschäftigung mit dem Umfeld sagen, während sie manchmal andersartig ist, doch ich glaube, dass es immer eine Geschichte mit Proportionen gibt. Dies ist für mich eine paradigmatische Verlagerung von der Proportion als Dogma hin zur Proportion als Schilderung.

Wenn Proportionen aus dem existierenden Kontext heraus erwachsen und aus den Zusammenhängen, die das Gebäude herstellen kann, dann müssen auch die Kunden eine besondere Rolle spielen, da sie die zukünftigen Bewohner des Raumes sind, den Sie entwerfen...

Absolut. Die beiden Dinge, die entscheidend für mich sind, wenn ich ein Gebäude plane, sind der Ort und der Kunde. Ich versuche, eine architektonische Realität zu erfassen, indem ich die Person verstehe, für die ich entwerfe, wie er oder sie gerne leben würden, welches Verhalten und welche Haltung sie meiner Architektur gegenüber entwickeln würden. Ich habe das Gefühl, dass ich mit einer Reihe von gegebenen Bedingungen konfrontiert bin, die ich nicht als Zwänge, sondern vielmehr als Gelegenheiten betrachte. Das sind Dinge, die zwischen mir als Architekt und dem Projekt entstehen.
Ich bitte meine Kunden um Termine in ihrem eigenen Haus. Das bedeutet mir viel im Entwurfsprozess, da ich so in den Raum kommen kann, den sie bewohnen, sehen kann, wie sie leben, und besser verstehen kann, was sie von mir als Architekt ihres neuen Heims wollen. Ich interessiere mich sehr für das Leben der Menschen, weil ich das Leben als Möglichkeit der Architektur betrachte.

Da Sie nicht mit einem Konzept oder einer Anfangsidee arbeiten, wie gehen Sie dann an ein Projekt heran? Sie sagten, der Ort und der Kunde – im Fall von Häusern – seien Ihre Hauptinteressen, doch wo sonst und wie finden Sie die Kriterien, die sie befähigen können, in den Entwurfsprozess einzutreten und Entscheidungen zu treffen?

Wenn ich darüber nachdenke, wie ich meine Gebäude entwerfe, dann geschieht dies sehr stark durch die Verwendung von Modellen. Generell bedeutet das Wort "Modell", einer Idee oder einem Gedanken Form zu verleihen, so sind im Fall der Architektur Modelle die direkte Darstellung der Räume, an die ich beim Entwerfen denke. Als Darstellung ist ein Modell auch in gewisser Weise ein Ersatz: Architektur im realen Massstab kann man nicht ins Büro stecken, sie muss durch andere Mittel in jedem Massstab dargestellt werden, und Modelle sind diese Darstellungsmittel.
Der Grund, warum ich Modelle so sehr mag, ist der, weil sie ein Objekt sind und weil sie Objektivität gegenüber dem Projekt erlauben. Einer Idee in Form eines Modells Gestalt zu verleihen, ist so, als ob man sie schutzlos zurücklassen würde, ausserhalb von einem selbst, und deshalb kann man eine Distanz zu ihr einnehmen und sie objektiv erfassen. Natürlich sind Zeichnungen und Skizzen immer nützliche Hilfsmittel. Ich zeichne während der Sitzung in meinem Büro Pläne und Perspektiven, und mein Team macht jeden Tag neue Zeichnungen, doch das Ergebnis ist irgendwie unbefriedigend, weil das meines Erachtens noch zu sehr mit unserer persönlichen Sicht zusammenhängt.
Obwohl einige Architekten eine Art reinen Entwurfsstils haben, mag ich nicht die gleichen Dinge tun, die ich bereits getan habe, ich versuche stattdessen die ganze Zeit, mich selbst zu bezwingen. Deshalb versuche ich immer, etwas zwischen mir und dem Entwurf zu machen, sodass ich immer versuchen kann, anders zu sein.
Meine Ideen wandeln sich ständig, und meine Mitarbeiter beschweren sich mitunter darüber, weil das, was ich sage, sich sogar vom einen Tag auf den anderen ganz schön verändern kann. Doch ich denke, es wäre langweilig, wenn Ideen immer beständig blieben. Deshalb ist das Modell ein wichtiges Hilfsmittel für mich, weil es ein Objekt von aussen ist. Nur ein Modell kann eine Idee festhalten; es ist ein Dokument des Prozesses, und zugleich können wir zurückblicken auf Modelle, die wir vielleicht einen Monat früher gemacht haben, und manchmal sind diese immer noch sehr genau.
Jedes Mal, wenn ein Modell genau erscheint, bin ich sehr froh und kann ihm schliesslich «entsprechen». Ich warte immer darauf, einem solchen Modell zu entsprechen, und es geschieht immer, dass die Modelle fordern weiterzumachen, weiterzudenken und tiefer einzudringen. Ich erachte ein Modell als gut, wenn eine Kritik daraus hervorgeht, wenn es eine Diskussion und Zweifel fördert. Es gibt da einen Moment, wenn das Modell den Architekten überwältigt, und ich bin vollkommen offen und froh, von Modellen überwältigt zu werden. Zugleich kann ich frei sein von persönlichem Geschmack und persönlichen Interessen und so weiter, wenn ich mich so stark

auf Modelle verlasse. Ich meine nicht vollständig, doch es herrscht eine angenehme Offenheit gegenüber den Möglichkeiten der Architektur. Ich mag dieses Moment wirklich, und deshalb arbeite ich so gern mit Modellen, und deshalb stellen sie solch einen entscheidenden Teil unseres Arbeitsprozesses dar. Meine Mitarbeiter vertrauen mir, doch das Modell vertraut mir nicht unaufhörlich. Es ist sehr viel objektiver, und das mag ich sehr.

Ich erinnere mich an viele Modelle in Ihrem Büro, die alle zusammengestellt waren, und was mich faszinierte, war die Tatsache, dass sie alle auf den ersten Blick überaus ähnlich aussahen. Ich folgere daraus, dass Sie jedes Mal kleine Vergleiche anstellen...

Ich verstehe, was Sie meinen, doch ich denke, dass ein Unterschied keine Grösse hat. Vielleicht mögen für Sie alle Modelle ähnlich erscheinen, weil man sie zusammen sieht, doch wir fertigen niemals zweimal das gleiche Modell. Für mich gibt es keinen Unterschied in der Grösse; alles ist anders. Das heisst, ich denke nicht, dass sie ähnlich aussehen, weil wir die Qualität eines jeden Modells durch den Entwurfsprozess erkennen. Nicht Quantität, sondern Qualität des Unterschieds. Wir haben einige wertvolle Modelle, die, wie ich bereits zuvor gesagt habe, eine Diskussion oder weitere Überlegungen erfordern. Deshalb sind unsere Modelle unterschiedlich in der Qualität.

Das ist jedenfalls eine ziemlich spezifische Arbeitsweise in Japan. In Europa könnte das ganz anders sein, und das rechtfertigt auch das Interesse der Europäer an dieser Arbeitsweise. Wie Sie zuvor gesagt haben, sind sie das einzige, was objektiv ist und das bleibt...

In einem Prozess finde ich nie bewusst Antworten. Jedes Mal versuche ich einfach, angenehme Fragen, angenehme Fälle und Themen zu finden, an die ich niemals gedacht habe. Wir wollen am Ende die beste Antwort präsentieren, und ich könnte sogar sagen, dass 99 Prozent meines Arbeitsprozesses darin bestehen, die Fragestellungen herauszufinden oder zu entwickeln. Und ich weiss, dass es sehr viel schwieriger ist, eine gute Fragestellung als eine gute Antwort zu finden. Ich erachte es als wichtiger, Fragen zu entwickeln, die niemals zuvor gestellt worden sind, als zu versuchen, verschiedene Antworten auf die gleiche Fragestellung zu finden.

Und wie entscheiden Sie zwischen verschiedenen Ideen oder Lösungen?

Viele Menschen glauben, dass die Entscheidung der wichtigste Moment im Arbeitsprozess ist, doch dem stimme ich nicht zu. Ich treffe nie Entscheidungen, sondern ich warte darauf, überzeugt zu werden. Es gibt Zwänge, die mich in die eine oder in die andere Richtung drängen: Dies kann der Kunde sein, das Budget oder mein Team. Ich nutze jeden Zwang zu jedem Zeitpunkt für die Entscheidungsfindung. Ich mag den Moment, in dem unser Entwurf genügend angereichert ist. Wir müssen warten, und ich liebe es zu warten.

Wie würden Sie sich einer Architektur ausserhalb Japans annähern, wenn Sie nicht selbst ein zündendes Konzept haben, sondern Sie stattdessen auf der Grundlage bestehender Umstände, der Kultur und dem Umfeld, arbeiten müssten? Wir können Sie diese Zwänge in einer Kultur feststellen, die Sie nur als Fremder kennen?

Meine Situation ist eine ganz besondere, da ich immer als japanischer Architekt eingeladen werde, wann immer ich im Ausland arbeite. Deshalb erwartet man von mir, dass ich das Land mit anderen Augen, objektiv betrachte. Natürlich achte ich auf die spezielle Geschichte des Landes, in dem ich arbeiten soll, sowie auf die Materialien, die Gebäudetypologien und so weiter. Normalerweise stelle ich eine Menge Recherchen an, doch meines Erachtens ist es notwendig, gerade an die Projekte im Ausland auf neuartige Weise heranzugehen. Es ist ein wenig abstrakt.
Ich glaube, es ist wichtig für Architekten, ebenso auf einer abstrakten wie auch auf einer konkreten Ebene Überlegungen anzustellen, und ich denke, dass die Abstraktion in der Architektur zu jeder Zeit ganz entscheidend ist, weil ich die Architektur für den Kunden, für Menschen, die das Gebäude nutzen, entwerfe; doch gleichzeitig erschaffe ich Architektur auch um der Architektur willen. Ich kann nur sehr wenig für die Entwicklung der Architektur tun, doch für Architekten ist es sehr wichtig, diesen Sinn für die Gesellschaft zu haben, zusammen mit dem Bewusstsein, auch um der Architektur willen zu arbeiten, wenngleich das nur in kleinen Schritten geschieht.

Würden Sie sagen, dass Ihre Entwürfe in anderen Ländern abstrakter sind?

Ich habe noch nichts gebaut, deshalb kann ich es nicht sagen. Doch angenommen, ich realisiere eine Art Dilemma, weil ein Kunde von mir ein japanisches Empfinden erwartet, da ich aus Japan komme; andererseits recherchiere ich auch viel über die Kultur des fremden Landes, und ich möchte etwas machen, was ich in Japan nicht machen kann. Darum ist das eine Art *Dilemma*: Ich interessiere mich eigentlich für die einheimischen Bauwerke, doch der Kunde erwartet etwas Anderes, sagen wir ein Gebäude im Tokio-Stil. Ich liebe es, mittendrin zu stehen, dieses Dilemma fortzusetzen, und nun mühe ich mich ein wenig ab, um zu verstehen, wie ich damit umgehen soll.

Wie wird Geschichte in Japan betrachtet? Welche Rolle spielt sie für japanische Architekten?

Vor allem nach der Postmoderne diskutierten die Architekten in Japan lange Zeit kaum über Geschichte. Selbst wenn die Architektur stark mit der Geschichte zusammenhängt, weil sie eine andere Lebensdauer als die Menschen hat und weil die Menschen schon seit Tausenden Jahren über Architektur nachdenken, wollten die Architekten in Japan nach den 1990er Jahren nicht über Geschichte sprechen. Der Grund dafür könnte sein, dass sie nicht missverstanden werden wollten, das heisst, sie wollten eine Distanz zur Postmoderne wahren, die als Trauma der japanischen Architektur galt. Man muss verstehen, dass die Menschen zu dieser Zeit mehr erwarteten. Die wirtschaftlichen Bedingungen in Japan waren in den 1980er und in den frühen 1990er Jahren sehr gut, wie eine Blase, und rund um Japan wurden viele hässliche postmoderne Gebäude - mit griechischen Säulen an der Fassade zum Beispiel - errichtet, und die Menschen hassten sie. Das ist ein Trauma, und das ist vielleicht der Grund dafür, dass sie kaum über Geschichte sprechen; sie fürchten sich wirklich vor Bezugnahmen.

Noch heute, oder hat sich das geändert?

Vor allem nach dem Erdbeben und dem Tsunami im Jahr 2011 begannen wir, die Bedeutung von Geschichte oder auch des Zeitrahmens von Architektur zu verstehen. Geschichte ist eine Art grosses Konzept. Sie ist in Büchern etwas Statisches, und in Japan reden wir vielleicht mehr über Zeit als über Geschichte. Geschichte ist selbst in Institutionen wie Schulen oder bei Wettbewerben häufig kein Gegenstand der Diskussion, deshalb sage ich auch, dass sie sehr statisch ist. Studenten sprechen nicht viel über Geschichte, da sie sich ein wenig fürchten, einen Fehler zu machen. Das ist dogmatisch.
Diese beiden Gründe - das Trauma der Postmoderne und das Denken über Geschichte in Japan als sehr dogmatisches Thema - sind sehr präsent, doch nach dem Tsunami mussten wir den Nachhaltigkeitsgedanken erfassen, einen grösseren zeitlichen Massstab, und das ist sehr wichtig.
Zum Beispiel erkennen wir, dass viele Heiligtümer oder Häuser nach dem Tsunami noch existieren, weil sie auf kleinen Hügeln stehen, wodurch sie nicht betroffen waren, und das ist eine Form von Weisheit, die die Menschen geerbt haben, das ist ein Sachverhalt. Im Allgemeinen neigen die Menschen dazu, es zu vergessen, doch das Bauwerk zeigt, wie es überdauern kann. Das ist eine Markierung; jeder, der wegrannte und gerettet wurde, lief zu den Heiligtümern, sie waren ein Fixpunkt. Die Architektur rettete diese Menschen. Das ist nur ein Beispiel aus dem Jahr 2011, doch jedenfalls

begannen wir Schritt für Schritt, uns der Rolle der Geschichte bewusst zu werden. Diesen Donnerstag werde ich die Villa La Rotonda von Andrea Palladio besichtigen, und natürlich kenne ich sie bereits und bewundere sie sehr, doch gleichzeitig werde ich versuchen, Palladio gegenüber kritisch zu sein, weil ich selbst jetzt sein Gebäude nutzen will. Ich will nicht einfach sagen: «Das war eindrucksvoll.» In der Architektur können wir ständig von jedem Gebäude lernen, auch von traditionellen No-name-Gebäuden. Natürlich ist es nicht möglich, all die Ideen, die in der Architektur über die Jahrhunderte aufgetaucht sind, zu berücksichtigen und wieder anzuwenden, doch ich denke, es ist die Aufgabe eines Architekten und allgemein einer Person, die in der heutigen Zeit lebt, weiterhin nach Bedeutungen in der Vergangenheit zu suchen, und das zu jeder Zeit.
Gut an der Architektur ist, dass man aus der Geschichte Wissen und Beispiele bezieht, die man dann verwenden und im eigenen Schaffen weiterentwickeln kann. Geschichte eröffnet Möglichkeiten und öffnet den Geist. Deshalb betrachte ich Geschichte als eine Möglichkeit für die Zukunft.

Es scheint, dass Ihre Architektur einer Tradition angehört, doch zugleich strebt sich auch nach einer neuen Raumerfahrung. Wie reagieren Sie darauf?

Ich bin Japaner, und ich bin mir bewusst, dass ich ein japanisches Empfinden habe und dass meine Bauwerke das auch widerspiegeln. Es ist das Gleiche mit Ihnen. Zum Beispiel könnte ich ein Gefühl für Leichtigkeit haben, das man ganz wörtlich auf die Architektur anwendet, und das könnte bei mir eine wesentlich grössere Präsenz zeigen als bei Ihnen. Die Art und Weise, wie wir aufgewachsen sind, ist für jeden etwas Persönliches. Ich wuchs in einem zweigeschossigen japanischen Haus mit abgeschrägtem Holzdach auf, das in Japan sehr verbreitet ist; und das unterscheidet sich von den Erinnerungen, die ein Europäer haben kann, doch ich habe niemals darüber nachgedacht. Unbewusst muss mir das als Basis dienen, deshalb habe ich eine Tradition. Ich möchte dies nicht als Stil betrachten. Architekten haben die Verantwortung, eine Denkweise und die Methode, das Architekturkonzept zu entwickeln, weiter voranzutreiben, und ich halte Tradition für etwas, das ich auf neuartige und zeitgemässe Weise entwickeln möchte.
Natürlich unterscheiden sich die Gebäude in den unterschiedlichen Teilen der Welt, genau wie die Sprache abhängig vom jeweiligen Land anders ist, da die Architektur selbst eine Sprache ist und entsprechend der Tradition, des Ortes und des Klimas variiert.

Was ist Ihre Herangehensweise, Raum zu begreifen und zu entwerfen? Haben Sie eine verstandesmässige oder eine perzeptive Herangehensweise?

Ich denke, ich habe beides. Wahrscheinlich würden japanischen Studenten und sogar Architekten sagen, dass ich ein relativ konsequenter Architekt bin, weil ich auch schreibe und lehre. Doch das ist nicht immer richtig. Genau wie wir jetzt dieses Interview führen, rede ich gern über Architektur, weil ich manchmal mein Unbewusstsein erkenne. Ich versuche, Architektur und Entwürfe mit meinem Verstand zu begreifen, doch sehr häufig führen die Diskussion oder die Überlegungen zu meinen Sinnen und zu einer Raumerfahrung. Wie ich bereits sagte, brauche ich viele Diskussionen und Modelle im Arbeitsprozess, das heisst, ich entwerfe sowohl mit meinem Bewusstsein als auch mit dem Unbewussten. Oder, so würde ich sagen, ich brauche das Bewusstsein, um zu meinem Unbewusstein vorzudringen. Das ist meine Methode.

Wenn Sie einen Raum wahrnehmen, glauben Sie dann, dass Ihre Wahrnehmung durch ein japanisches Raumgefühl vermittelt wird oder dass sie einfach auf einer unmittelbaren Sinneswahrnehmung basiert?

Ja, natürlich. Ich bekomme häufig Kommentare von Europäern, und sie lassen sich immer auf Diskussionen ein, ob sich meine Architektur mit der Trennung zwischen Innen und Aussen beschäftigt, was mich immer überrascht, weil ich dieses Thema nie als Ausgangspunkt genommen habe. Aussen und Innen sind für mich das Gleiche; es ist Raum, es ist eine einzige Welt. Wir entwerfen ihn in seiner Gesamtheit, während für die Europäer das Innere vielleicht direkter mit dem Raumbegriff zusammenhängt als das Äussere. Raum ist für uns in Japan vieldeutiger und eins mit der Umwelt.

Wie wichtig ist das Thema der Innovation bei Ihrer Herangehensweise an Architektur?

Menschen mögen meines Erachtens Neues. Sie brauchen Neuheit. Wenn wir etwas Neues sehen, dann sind wir überrascht, beeindruckt und angespornt. Wir wollen es besser verstehen; wir sind neugierig und von ihm angezogen. Wir können nichts fühlen, wenn wir nur im Bereich des Bekannten hängenbleiben. Unsere Sinne verkümmern letztlich, denke ich. Stück für Stück und völlig unbewusst. Ich bin sicher, dass sie die Fähigkeit verlieren müssen, etwas mit ihren Sinnen wahrzunehmen, so, als ob der Gummi nun seine Elastizität zu verlieren begänne. Ich habe die schreckliche Angst, dass wir Architekten eine Verantwortung haben, das Leben der Menschen durch den Bau eines Unterschlupfs zu schützen, doch zugleich müssen wir daran denken, ihre Sinne zu öffnen. Einige Bauwerke können unsere Sinne beeinflussen, und irgendwie könnte das Thema der Innovation diese Fähigkeit haben, so glaube ich zumindest.

Sie suggerieren, dass Architektur die physische Wahrnehmung der Menschen erweitern und dass sie diese in diesem Sinne auch erziehen kann.

Ja, ich stimme der Behauptung zu, dass architektonische Räume Schutz bieten und zugleich die Menschen preisgeben, insofern als sie eine bessere oder zumindest ausgedehntere Wahrnehmung der Welt ermöglichen. Ich glaube, dass die Proportion der Räume grosses Potenzial hat, Gleichgewicht und Harmonie gegenüber dem menschlichen Körper, dem Gebäude und selbst gegenüber der Umgebung herzustellen. Grenzen der realen Welt können durch die Art und Weise überwunden werden, wie ein Gebäude von den Menschen, die es bewohnen, gelebt und wahrgenommen wird.

Sinne haben eine Menge mit Proportionen zu tun, doch was Sie mit den Sinnen meinen, unterscheidet sich wahrscheinlich leicht von dem, was wir als Europäer mit dem gleichen Wort meinen. Könnten Sie genau erklären, was Sie damit verbinden?

Ich erinnere mich nun an eine Diskussion, die ich mit Valerio Olgiati geführt habe, und wir behandelten das Thema Sinne. Er sagte, Sinn sei ein wesentlich wichtigerer Begriff in Asien als in Europa. Ich bin mir dessen nicht sicher, doch meines Erachtens scheint Sinn etwas sehr Persönliches in Europa zu sein.
Ich gebe Ihnen ein Beispiel: Ich mag die Städte in Asien wirklich. Ich war viele Male in Taipeh, weil ich dort ein Projekt hatte. Sie müssen sich vorstellen, dass Taipeh absolut asiatisch ist, sehr heiss und feucht. Jedes Fenster hat eine illegale Erweiterung aus Aluminium oder Kunststoff oder aus welchem Material auch immer, das gerade erhältlich ist. Alle Fenster weisen das auf, und von der europäischen Auffassung der Schönheit der Landschaft her dürfte dies sehr hässlich sein. Doch ich hatte irgendwie ein gegenteiliges Gefühl: Es sieht aus, als hätten die Menschen eine Leidenschaft, wenn sie ihr Haus nach aussen hin erweitern wollen. Ich empfinde das als direkten Ausdruck eines Wunsches, mit dem eigenen Körper nach aussen zu expandieren. Eine unglaubliche Menge davon wird das Stadtbild von Taipeh gebildet haben. Das ist sehr asiatisch, und es ist unbewusst. Sie würden niemals denken, dass sie die Landschaft selbst entwerfen, doch ich bin sicher, dass sie unbewusst an dem Umfeld beteiligt sind. Nicht nur in der Stadt, sondern in der ganzen Welt. Das ist auch ein gutes Beispiel dafür, dass wir Asiaten uns der Trennung zwischen Innen und Aussen nicht bewusst sind.

Diese Art von chaotischer Reaktion muss etwas sein, das sehr stark mit den östlichen Ländern zusammenhängt. Hier in Europa hat Chaos eine andere Konnotation.

Ich denke, Chaos ist ungenau. Worüber ich spreche, wenn ich von Taipeh berichte, ist

nicht Chaos, es ist eher eine neue Absolutheit, eine neue Einzigartigkeit bei unbewussten Menschen: ein Stadtbild, das vom Körpersinn geschaffen wurde. Ich glaube, das ist sehr asiatisch.
Im Vergleich zu Europa, wo das eher die Haltung einer einzelnen Person wäre, nimmt es in Asien einen Gemeinschaftscharakter an.

Go Hasegawa lebt und arbeitet als Architekt in Tokio.

Go Hasegawa Associates

Pilotis in a Forest

2009-2010

1-2 Go Hasegawa Associates

Pilotis in a Forest

2009-2010

3-6 Go Hasegawa Associates

Apartment Building in Okachimachi

(Fotos von Takaya Sakano)
2014-2016

株式会社
浪速商事
振和通商
4F
エクミス
大津屋

BAS
PRIN

CEN

Man reist, um neue Dinge zu sehen, doch paradoxerweise sieht man sie nur, weil man in ihnen etwas erkennt, was man schon zuvor gekannt hat. Ein Bild kann man vielleicht vor dem geistigen Auge haben, ein Bild, das man vorher gesehen oder im Gedächtnis abgespeichert hat; das Andere ist da, um vor einem gesehen zu werden. Ein erinnertes Bild führt einen dazu, ein neues Bild zu sehen beziehungsweise wahrzunehmen. Nur durch die Erinnerung kann ein neues Bild wahrgenommen oder erkannt werden. Der Moment, in dem sich ein Gedanke und die Wirklichkeit annähern, ist der Moment, in dem man innehält und nach dem Bild zu suchen beginnt.

Die Kamera führt eine Reihe von Veränderungen in den Sehprozess ein; was am wichtigsten ist, sie fokussiert, sie nimmt etwas aus dem Zusammenhang, sie abstrahiert, sie misst und zeichnet auf. Das Bild durchläuft einen leeren kastenförmigen Raum – einen kleinen Raum –, bevor es in einem Negativ erfasst wird; die Kamera als ein Raum, der Raum im Bild festhält.

Dieses Gespräch mit Bas Princen fand am 1. Juni 2016 in Mendrisio statt.

Wir würden gern bei den allerersten Anfängen Ihres praktischen Schaffens und Ihrer Ausbildung beginnen, da Sie zum Architekten ausgebildet wurden, was etwas Besonderes ist. Hat diese Ausbildung noch irgendeine Auswirkung auf Ihre Arbeitsweise?

Obwohl ich Architektur studiert habe, würde ich mich nicht wirklich als Architekt im traditionellen Sinn bezeichnen. Als ich am Berlage Institute Architektur studiert habe, lag das Hauptaugenmerk auf den Phänomenen, welche die Stadt und die sie umgebende Landschaft prägen. Wir untersuchten, was die Welt gestaltet, und versuchten, den Sinn davon zu verstehen, indem wir Methoden des Sehens, des Analysierens und der Darstellung entwickelten.
Ich habe jedoch eine starke Beziehung zur Architektur, sie ist mein Hauptthema, wie die Orte entstanden sind, wie sie definiert wurden, folglich ist es die Idee der «Raumkreation», die meine Arbeit inspiriert.
Da ich Fotografien mache, könnte man meinen, dass es das Medium der Fotografie selbst ist, das mich interessiert, doch stattdessen bin ich fasziniert von der gebauten Welt: Davon, wie und aus was sie gemacht wurde, dann setze ich zu ihrer Darstellung die Fotografie und ihre Codes ein, als Vorschlag, sie zu organisieren und begreifen. Das Medium selbst ist nicht das Ziel, ich interessiere mich nicht für Fotografie an sich, ich interessiere mich für den Umstand, dass ich ein Bild, eine Ansicht gestalten kann.

Wann haben Sie erkannt, dass die Fotografie Ihr bevorzugtes Medium zur genauen Darstellung der Welt ist?

Das war, als ich an der Design Academy in Eindhoven *Entwerfen für den öffentlichen Raum* studierte, ich plante immer kleine Eingriffe für den öffentlichen Raum und hatte meine Freude daran, Objekte, die ich fand, neu zu gestalten beziehungsweise zu arrangieren, indem ich ihnen eine neue Interpretation gab. Auf einmal realisierte ich, dass ich das tun konnte, ohne irgendetwas zu berühren oder zu bewegen, hinzuzufügen oder zu entwerfen, und zwar mit Fotografie. Indem ich Objekte aus ihrem unmittelbaren Kontext nahm und den Kontext nach meinem Belieben fokussierte oder veränderte, konnte ich einen neuen Ort schaffen, der durch die Fotografie imaginiert werden musste. Danach war es sehr einfach, ich begann, das, was ich fotografierte, eigentlich als Entwurf zu verstehen, das war ein bisschen naiv, jedoch ertragreich – so habe ich begonnen.

Wenn wir Ihre Bilder betrachten, dann sehen wir eine bestimmte visuelle Kraft, als wäre die Realität leicht verändert worden, damit man neue Realitäten eröffnen kann. Könnten Sie uns von Ihrer Recherche berichten, die Sie zum Aufbau eines Bildes führt?

Ich mache Bilder, ich dokumentiere nichts. Ich suche nach bestimmten Bildern, die ich bereits mehr oder weniger in meinem Kopf habe, als wären sie in einer imaginären Liste von Fotografien/Szenen/Orten gespeichert, die ich finden und auffrischen möchte, zusammen mit Ideen zur Darstellung von Landschaft und Architektur.
Ich werde den Aufbau eines Bildes zu erklären versuchen, nicht als Komposition, denn ich persönlich finde das nicht sehr interessant; ich würde mich vielmehr auf die Struktur konzentrieren, die man beim Betrachten im Kopf entsteht. Man betrachtet eine Landschaft und konzentriert sich auf etwas Interessantes, dann beginnt man, mehrere dieser Momente zu kombinieren. Langsam fängt man an, die Unterschiede und Ähnlichkeiten zu sehen, man wiegt zwei Blicke, zwei Momente, zwei Bilder gegeneinander auf.
Dies kann mit Bildern geschehen, die man selbst aufnimmt oder sieht, doch häufig geschieht dies auch mit Bildern, die man zuvor kannte, ein Referenzbild zum Beispiel. Wenn ich etwas sehe, dann kann ich es nur sehen, weil es mich an ein Bild erinnert, das ich kenne. Es ist sehr schwierig, völlig neue Dinge zu sehen, und das ist für mich ein Mittel, um meinen Blick zu schärfen.
Wenn man Architektur baut, dann bringt man eine Idee in das Gebäude ein, ich möchte diese herausfinden und den Ort fotografieren und diese Idee nochmals oder manchmal sogar eine neue Idee einfliessen lassen. All die Plätze, die man in meinen Fotografien sieht, sind sehr banal und uninteressant, doch wenn ich sie fotografiere, denn beginnen sie, eine Idee zu beinhalten, die dann in dem Bild auftaucht. Für mich besteht der Hauptgrund für das Fotografieren von Architektur darin, die Idee zu sehen, die zuvor nicht da war. Es ist keine Darstellung, sondern vielmehr eine Fortführung der Reflexion darüber, was man macht und wie man entwirft. Mein Ziel ist zu untersuchen, wie das Bild Architektur beeinflussen oder Teil von dieser sein kann, wie es einen eigenen Raum schaffen kann.
Wenn man etwas ganz konstruiert fotografiert oder wenn man versucht, etwas von seiner Wirklichkeit zu lösen, um etwas darüber sagen zu können, dann dreht man der Realität aus sich selbst einen Strick, um eine Fiktion entstehen zu lassen. Das steht auch im engen Zusammenhang mit der Tatsache, dass ich Bilder mit Farbe versehe: Die Realitätsebene, auf der ich agiere, weist noch Farbe auf. Für mich ist Schwarz-Weiss eine weitere Reduktion der Realität, und ich empfinde den Drang, ihr einen zusätzlichen Filter überzustülpen.

Wie erreichen Sie also den exakten Loslösungsgrad von der Realität, sodass sie dann eine «andere Realität» wird?

Wenn ich irgendwohin gehe, dann setze ich mir in den Kopf, bestimmte Dinge zu sehen. Wenn ich eine Szene sehe, die einen Gedanken auslöst, die eine neue Möglichkeit zur Betrachtung dieser Realität eröffnet, dann versuche ich, die Sichtweise zu finden, durch die dieser Gedanke noch evidenter wird. Nachdem ich das Bild aufgenommen habe, lasse ich es einige Wochen lang im Archiv liegen, ohne es zu betrachten, um es der Realität zu entrücken. Wenn ich dann zu dem Bild zurückkehre, versuche ich, den anfänglichen Gedanken wieder aufzugreifen. Es kann passieren, dass ich während dieses Prozesses die Perspektive, die Farben und das Ergebnis leicht verändere. Der Moment, in dem ich etwas sehe, ist deshalb sehr wichtig: Ich fotografiere ziemlich schnell, und ich kehre nur selten zu einem Ort zurück, doch ich kann eine Menge Zeit damit verbringen, bis ich das Bild erhalte, von dem ich denke, es gesehen zu haben.

Es scheint, dass Bezugnahmen eine wichtige Rolle in Ihrem Arbeitsprozess spielen und Ihnen helfen, neue Bilder zu kreieren...

Ja, absolut. Ich denke, Bezugnahmen sind Teil eines kollektiven Wissens; es sind nicht nur meine eigenen Referenzen, sie könnten auch von einem anderen Künstler stammen oder etwas darstellen, das von anderen bereits umfassend bearbeitet wurde.

Ich arbeite immer mit Bildern, von der ersten Idee bis hin zur fertigen Fotografie. Bezugnahmen sind für mich Vorgänger der Bilder, die erst noch aufgenommen werden müssen, sie helfen mir, bestimmte Themen einzugrenzen, eine Abfolge zu generieren, bei der die Referenz als Platzhalter für die künftige Fotografie steht.

Meine Arbeit mit Bezugnahmen erfolgt in Form von A5-Heften, die ich in meinem Büro drucke und die ständig bearbeitet oder modifiziert werden können. All diese Bilder kann man im Internet finden, häufig suche ich sie noch nicht einmal speziell, sondern sie poppen plötzlich auf, während ich etwas Anderes suche. Diese Bilder können unendlich reproduziert werden, und durch ihre Zusammenstellung zu Serien schaffe ich mir ein Hilfsmittel zur Lenkung meines Blicks, es besteht eine Wechselwirkung zwischen den Referenzen und den Bildern, die ich mache.

Normalerweise sind die Bilder nicht nach Themen geordnet, meine Methode ist eine sehr assoziative Methode, Dinge zusammenzustellen; sie könnten auch entsprechend ihrem Erscheinungsbild zusammenhängen, sodass sie mehr Macht gewinnen, wenn sie erst einmal zueinander in Beziehung gesetzt sind, sich gegenseitig inspirieren. Zwischen zwei Bildern kann eine neue Idee entstehen.

Das sind Bilder, die ich mag, inhaltsbezogen oder kompositionell, wegen der Stimmung, der Farbe oder aus anderen Gründen: Sind die Hefte erst einmal gedruckt, dann erscheinen sie sehr genau in Ordnung und Darstellung, doch sie sind nicht dazu gedacht, präsentiert zu werden: Sie dienen als Arbeitsmittel, und wenn das Bild erst einmal gemacht ist, dann wird das Heft hinfällig.

Wenn Sie eine Fotografie gemacht und daran gearbeitet haben, können Sie dann noch die Referenz als Teil davon erkennen?

Natürlich, das ist auch der Moment, in dem die Fotografie, die ich gemacht habe, grössere Wichtigkeit für mich bekommt. Das Bild muss in anderen Bildern ein Echo finden, und ich versuche auch, es mit der gleichen Abstraktheit zu behandeln, wie sie in der Bezugnahme zu finden war. Wenn das nicht geschieht, dann wird es schwierig, etwas zu kommunizieren.
Ich nehme die Hefte mit, wenn ich mit dem Fotografieren für ein neues Buch beginne, und dann vergesse ich sie langsam. Diese Referenzen dienen meiner eigenen Vorbereitung, damit ich nicht überwältigt werde, wenn ich irgendwo ankomme. Bin ich erst einmal vor Ort, dann muss ich nicht alles von Neuem betrachten, sondern ich betrachte nur Dinge, zu denen ich visuell eine Beziehung herstellen kann, und ich nutze sie zur erneuten Fokussierung, andernfalls würde ich mich irgendwann verlieren. Mir gelingt es, die Konzentration zu bewahren, indem ich bestimmte Ordnungen und Eindrücke von Bildern beibehalte, die sich immer auf mein Referenzarchiv beziehen.

Könnten Sie uns ein Beispiel für dieses Verfahren mit Referenzen als Vorgänger eines Bildes geben?

Ich habe ein Buch mit dem Titel *Five Cities Portfolio* gemacht, das war ein Projekt im Auftrag der Biennale in Rotterdam. Es war ein grosses Forschungsprojekt zu fünf Städten: Istanbul, Kairo, Dubai, Beirut und Amman. Ich war niemals zuvor in einer dieser Städte gewesen, und ich hatte in jeder Stadt ungefähr acht Tage Zeit. Ich musste also eine bestimmte Strategie entwickeln, ohne Gefahr zu laufen, die Städte so zu zeigen, wie sie sich normalerweise präsentieren, was nicht das war, was ich wollte. An diesem Punkt überlegte ich, eine Reihe von Referenzen zu übernehmen, um mit der Idee zu beginnen, dass ich nicht fünf Städte fotografieren sollte, sondern nur einen Stadttypus.
Eine Referenz hilft mir, spezielle Bilder zu sehen, es kann dabei helfen, einen Bildausschnitt zu wählen, was man weglassen und was man einbeziehen sollte, und durch das Ordnen und Strukturieren der Referenzen hatte ich bereits eine visuelle

Hierarchie entwickelt, die ich verwenden konnte, wenn ich in der Stadt ankam. Letztlich war ich überzeugt davon, dass die Bilder, die ich von diesen fünf verschiedenen Städten machen würde, zusammenwirken könnten, dass sie etwas Ähnliches zeigen könnten, ich wollte demonstrieren, dass die Bauweise und die Behandlung der Landschaft in diesen fünf Städten gleich waren. An einigen Plätzen mag es vielleicht etwas archaischer gewesen sein, doch die Art und Weise, wie die Menschen die Landschaft behandeln, blieb gleich.
Deshalb fotografierte ich Teile der Städte, wo Objekte erforderten, dass sie allein und isoliert standen. Man fand diese an abgelegenen Orten, an den Stadträndern. Durch die Fokussierung auf diesen äusseren Urbanisationsring, wo die Stadt auf die Landschaft trifft, wurden alle Städte gleich.
Dies geschah nicht, weil sie einem allgemeinen globalen Phänomen entsprachen, sondern weil sie alle dieselben Methoden der Raumnutzung anwandten. Ich machte Fotografien, wo die neuesten Stadterweiterungen entstehen und wo noch eine Beziehung zur Landschaft zu finden ist. Die Spezifizität einer Stadt existiert nicht in diesem Randgebiet, und das ist der Grund, warum diese fünf Städte zu einer einzigen wurden.
Dieser Prozess und die daraus resultierenden Bilder konnten nicht nur entstehen, weil man dorthin reiste, sie konnten nur existieren, weil ich früher nach Bezügen geschaut hatte. Die Fortführung besteht in der Gestaltung einer Fotografie, und ich glaube, dass man ein neues Bild nur sehen kann, wenn es bereits in der gedanklichen Bibliothek vorhanden ist. Man könnte sagen, dass Bilder in einer aktualisierten Form von Bildern, die ich bereits kenne, wiederkehren. Ich denke, Bilder wiederholen sich, und diese Typenwiederholung ist der interessante Teil. Ausserdem hilft dieser Prozess auch, das Bild zu betrachten, wenn es erst einmal vollendet ist.

Wenn Sie sich daran machen, einen neuen Kontext zu fotografieren, bereiten Sie das dann, abgesehen von Bezugnahmen, im Voraus vor, indem Sie sich ein gewisses Wissen darüber aneignen?

Ich weiss gern ein wenig darüber. Wenn es eine Stadt ist, dann versuche ich einen einheimischen Architekten oder Stadtplaner zu treffen. Ich werde zu verstehen suchen, wo die wirklichen Grenzen liegen, wenn sie durch Menschen oder geografische Hindernisse bestimmt werden, dann versuche ich zu ergründen, wie die Stadt funktioniert. Ich will zum Beispiel wissen, wo sich das Armenviertel der Stadt befindet und wo sich die Stadt am schnellsten ausdehnt: Das ist das Interessanteste, weil dort räumliche Spannungen und eine ganz spezifische Bedingung herrschen, unter der die Gebäude und Landschaften entstehen.
Natürlich steckt immer die Geschichte eines Bildes hinter all diesen Voraussetzungen.

Ich würde niemals ein Bild auswählen nur wegen der Geschichte, die es erzählt. Wenn es nicht selbst spricht, dann ist das nicht genug.
Das Bild muss visuelle Kraft haben und mehr als nur eine Lesart beinhalten, es muss vielschichtig sein. Irgendwie muss man abschalten, um Dinge sehen zu können, wenn man zu viele Gedanken in ein Bild bringen will, dann wird es undurchsichtig. Ich schneide aus dem Bildausschnitt etliche Elemente aus, ich muss alle andersartigen Dinge fernhalten, die eine andere Geschichte erzählen könnten, damit ich nur diesen einen Typus habe. Diese Schönheit und Ausstrahlung der Nicht-Wirklichkeit erfordert, dass das Bild aus einer gewissen Distanz heraus porträtiert wird, unter Herausnahme seines Kontextes, der noch nicht einmal im Kopf des Betrachters existieren sollte, sobald er das Bild sieht. Für mich bedeutet Fotografieren, den wirklichen Kontext mehr und mehr, Schicht für Schicht auszuklammern. Ich versuche, dies durch den Einsatz der Kamerafunktion zu tun. Ich extrahiere das Element, das ich aus seiner Realität ausgewählt habe, und ich baue eine andere Beziehung zu den umgebenden Objekten auf. Ich kreiere einen neuen Kontext, indem ich den realen ausschliesse.
Mir gefällt die Ambiguität sehr, bei der man keine Ahnung hat von dem, was passiert, und dieses Stadium kann nur erreicht werden, indem man Dinge aus der Realität extrahiert. Der Moment, in dem ich wirklich aufgeregt bin, ist, wenn ich mich unter dem schwarzen Tuch befinde und ich etwas völlig anderes sehe als das, was ich sehe, wenn ich mich ausserhalb der Kamera befinde.

Ihr Begriff von Landschaft scheint mehr zu bedeuten als das, was er gewöhnlich tut...

Ich bin fasziniert von dem «Erschaffen der Landschaft» und von dem Entstehen von damit verbundenen Ideen und Mythen. Ich glaube, dass eine Landschaft sogar in einem Raum existieren kann.
Bei einem Bild handelt es sich für mich nie um einen Innen- oder Aussenraum, sondern es sollte immer eine gewisse Landschaftsvorstellung mitinbegriffen sein, und dann kann es dennoch ein begrenzter Raum sein.
Ich hoffe, dass die Mehrzahl der Bilder, die ich mache, als unterschiedliche Vorstellungen von Landschaft und Interaktion zwischen Landschaft und Gebäuden verstanden werden können: In einigen Fotografien kann eine Landschaft fast wie ein Interieur anmuten, weil ich beginne, den oberen Teil des Bildes ganz dunkel und schwer zu gestalten, und dadurch wird die Aufnahme ganz unnatürlich, weil normalerweise alles unterhalb des Horizonts dunkel ist und nicht umgekehrt, doch das hilft dabei, die Vorstellung von dieser Landschaft weiterzuentwickeln.

In Ihren Bildern finden wir häufig einen ganz klaren Protagonisten der Komposition. Manchmal ist es ein Objekt, manchmal ein Bauwerk oder eine Situation. Würden Sie mir darin zustimmen?

Ich habe niemals die Idee einer Komposition mit zwei gegensätzlichen Elementen verstanden. Ich schaffe gern einen Raum, der kohärent ist. Ich mag es nicht, dass ein Konflikt der Elemente die übermächtige Deutung des Bildes ist, anderenfalls würden die porträtierten Objekte die Aufmerksamkeit auf sich ziehen, wohingegen ich will, dass der Hauptfokus auf dem ganzen konstruierten Bild liegt. Ich möchte genau einen Raum, so kann man sich eine Fortführung ausserhalb des Bildausschnitts vorstellen, und wahrscheinlich ist das der Hauptgrund, weshalb sich immer nur ein Gegenstand auf dem Bild findet. Dieses Ergebnis zu erzielen, ist schwierig, normalerweise herrscht ausserhalb des Bildausschnitts ein grosses Durcheinander. Irgendwie muss man die Realität vergessen, während man der Realität selbst gegenübersteht. Obgleich das einleuchtend klingen mag, muss man sich selbst ständig daran erinnern, dass man als Betrachter die Realität, die sich nicht in dem Bild findet, nicht verstehen kann, weil man beim Fotografieren durch die Umgebung und andere Dinge, die dem Betrachter nicht vermittelt werden, beeinflusst wird. Der Betrachter kann sich nur mit dem beschäftigen, was in dem Bild ist und was sich seiner Vorstellung nach ausserhalb davon befinden könnte.
Wenn ich durch die Kamera blicke, sehe ich, was mit dem Bild möglich ist, sein Potenzial ausserhalb seiner Wirklichkeit. Wenn ich nur die Landschaft betrachte, kann ich das Bild unmöglich finden. Wenn man in einer leeren Landschaft steht und es dort nur einen Gegenstand gibt, dann schneidet man die leere Landschaft heraus und hat die Möglichkeit, mit dieser Vorstellung der Entscheidung zu spielen, wer der Protagonist des Bildes ist. Im Kopf könnte es mehr dieser Objekte geben, sodass man sich vorstellen könnte, diese Art der Entwicklung würde sich fortsetzen lassen, und so sehe ich wesentlich mehr, als ich ausserhalb der Kamera sehen sollte.

Ein sehr wichtiger Aspekt einer Fotografie besteht darin, dass das, was der Betrachter ausserhalb des Bildausschnitts projiziert, der eigentliche Raum des Fotografen ist.

Es ist naheliegend, dass ich die Landschaft gerne als Teil des Bildes haben möchte. Dann sollte es immer ein Verhältnis zwischen dem Boden und dem Objekt geben, und dieses Verhältnis kann sehr schroff sein. Ich gestalte das Objekt gern gleichbedeutend mit seiner Umgebung, sodass es nicht klar ist, ob sich das Objekt in der Landschaft befindet oder ob die Landschaft das Objekt enthält. Gleichzeit g bin ich ganz fasziniert davon, wie das Objekt in die Landschaft eindringt und wie sich die

Landschaft irgendwie wehrt. Diese Ambiguität hat meines Erachtens damit zu tun, dass man die Objekte und Schauplätze nur schwer in einen Zusammenhang bringt, den man kennt. Sehr häufig ist nicht das Objekt rätselhaft, sondern wie es in seinem Kontext existiert. Es sind beinahe Karikaturen, obwohl sie real sind und die Zukunft einer anderen vergangenen Zeit zu sein scheinen. In der Fotografie können reale Schauplätze fiktive Szenarien hervorrufen, können Orte zur gleichen Zeit wirklich und unwirklich sein.

Ein Beispiel könnte *Ringroad Houston* sein, das ich höchst faszinierend finde. Es ist so archaisch und überwindet eine Festlegung und zeitliche Einordnung. Mit seinen Farben und seiner Position im Raum evoziert es beinahe eine religiöse Dimension und erinnert an die Kaaba...

Ringroad ist ein Bild eines gewöhnlichen Bürogebäudes, das in einem gewöhnlichen Vorort am Rande von Houston steht. Diese Fotografie ging von dem Gedanken des Traums aus, der viele Architekten verfolgt: das Gebäude, das verschwindet. Es war einer der seltenen Fälle, in denen ich lange Zeit damit zubrachte, den richtigen Blickwinkel und die richtige Höhe zu finden, bei denen die Reflexionen des weissen Gebäudes, das sich hinter mir befand, perfekt mit der Schnellstrasse und den Reflexionen, welche die Parkfläche durch das Gebäude hindurch erweitern, zusammenfliessen. Diese Elemente einer banalen städtischen Peripherie werden in Architektur verwandelt und avancieren zu einem Projekt. Es ergab sich von selbst, dass das verschwindende Gebäude golden sein sollte: Es musste sehr, sehr präsent sein und zugleich verschwinden, wenn die Augen des Betrachters den Horizont fixierten.
Diese Untersuchung über das Verhältnis zwischen Architektur und Landschaft ist nun der Gegenstand meiner letzten Publikation, *The Construction of an Image* [Bas Princen, *The Construction of an Image*, London 2016].

Welche Rolle nimmt der Mensch in Ihren Bildern ein? Leute tauchen nur selten auf, und wenn, dann haben sie immer eine gewisse Grösse...

Ich bin genauso gross wie all diese Leute, die in meinen Bildern fotografiert wurden, da ich in der gleichen Landschaft stehe, im gleichen Verhältnis zu ihr. Ich glaube, es ist wichtig, dass ich mich irgendwie als Teil der Szene fühle. Wenn es Menschen im Bild gibt, dann sind sie mehr oder weniger ein Spiegel meiner selbst. Gewöhnlich sind sie Arbeiter, sie sind immer mit einer präzisen Handlung beschäftigt. Mitunter brauche ich sie, um einen Massstab einzuführen und dem Betrachter zu vermitteln, dass sich diese Landschaft im Umbruch befindet, deshalb zerstören die Arbeiter die

Landschaft oder gestalten sie. In diesem Sinne bezeichne ich sie als «Spiegel», weil sie die Landschaft formen und ich die Landschaft mit ihnen forme, während ich sie darstelle. Wir bestimmen sie beide mit unseren eigenen Mitteln, wir alle sind nicht unbeteiligt.
Für die Serie *Reservoir* wollte ich keine Leute, die bummelnd vorbeilaufen oder gemächlich die Landschaft betrachten, sondern ich wollte nur solche haben, die sie genau definieren.
Die Essenz dieser Arbeit ist für mich die Ambiguität des Landschaftszustands, bei dem man nicht sagen kann, ob die Landschaft zerstört oder gestaltet wurde, wo das Künstliche und das Natürliche ineinander aufgehen und sich vermischen. Diese Ambiguität ist das entscheidende Wesensmerkmal meiner Arbeit, und ich glaube, dass dies der interessanteste Aspekt ist, über den man bezüglich der Städte und Landschaften, die wir heute bewohnen und bevölkern, diskutieren kann.
Ob Menschen im Bild sind oder nicht, ist nicht mein primäres Anliegen, sondern manchmal ist es besser, keine Leute im Bild zu haben, weil man dann mit dem Massstabsbegriff spielen kann und das Bild an Faszination gewinnt. Mitunter braucht man sie aber auch aus dem gleichen Grund.

Wenn Sie in Ihrem Atelier in Rotterdam arbeiten, wie geht dann der Schaffensprozess eines Bildes vonstatten?

Ich bin sehr gern im Atelier, um dort zu arbeiten. Vieles wird am Computer gemacht, während ich auf Reisen oder zu Hause bin, doch das Atelier ist der Ort, wo ich viel Platz habe, wo ich erfassen kann, in welchem Massstab die Arbeit schliesslich gezeigt wird. Dort kann ich grosse Drucke ausprobieren und festlegen, welches Verhältnis das Bild zu seinem Betrachter haben wird, indem ich die Grösse der Arbeit verstehe.

Wie können Sie sich bei der enormen Menge an Bildern, die Sie aufnehmen, entscheiden, welches Sie nun verwenden und weiterbearbeiten?

Ich wähle die Bilder unter Hunderten aus dem Archiv aus wegen ihrer Bezüge zu bereits existierenden Bildern, die ich habe, und nicht wegen ihrer individuellen Qualität. Das Bild entsteht nicht aus sich selbst heraus, sondern auch durch diejenigen, die ihm vorausgehen und die ihm folgen.
Der Betrachter empfindet solche Bezüge eher, als dass er sie rational begreift – in dieser Hinsicht gibt es kein klares Thema oder kein vorbestimmtes typologisches Objekt –, und das ist das Grundprinzip, aus dem heraus eine Serie entsteht: Indem ich die bereits existierenden Bilder betrachte, weiss ich, nach was ich in dem neuen

Bild suchen muss – etwas, um eine Lücke zu füllen, das fehlende Bindeglied. Ich stelle mir mehr oder weniger die Art von Bild vor, die ich brauche, doch bis ich dies vor Augen habe, kann das viele Formen annehmen. Manchmal füge ich ein Foto ohne Bezug ein, das neue Richtungen erschliesst und neue Lücken schafft, die gefüllt werden müssen.

Gibt es einen Unterschied zwischen Bildern in Ihren Büchern und Bildern, die in Ihren Ausstellungen zu sehen sind?

Das Buch ist ein schönes Medium, weil es selbst einen Raum darstellt, in dem ich eine Geschichte erzählen und alles zusammenfügen kann. Das ist in Ausstellungen nicht möglich, man hat nie die Gelegenheit, mehr als ungefähr zehn Werke zu zeigen. Obwohl ihm der dokumentarische Charakter eines grossen gedruckten Bildes fehlt – das wie ein Fenster zu einer anderen Wirklichkeit erscheint –, ist das Buch das einzige Mittel, bei dem man die Arbeit in ihrer Gesamtheit erfassen kann, wo Bilder etwas im Verhältnis untereinander erzählen. Ich vertraue dem Internet als Plattform zur Präsentation eines Bildes nicht, da ich weiss, wie ich Bilder im Web betrachte: Ich will nur das nächste sehen, selbst wenn ich mich dazu zwinge, sie genau anzuschauen und versuche, in ihnen die Intention des Urhebers herauszufinden. Das ist auch der Grund, weshalb man auf meiner Website stattdessen Bilder von ausgestellten Bildern findet und nicht verkleinerte Reproduktionen der Bilder selbst. Ausserdem liegt der Fokus bei einer Ausstellung eher auf der Beziehung zwischen einigen wenigen Fotografien, die fast immer Beispiele aus einer Serie sind, während man mit einem Buch über ein Mittel verfügt, die untersuchte Idee vollständig zu inszenieren, und das sogar über die Bilder hinaus. Es ermöglicht eine Fortführung und ist dynamischer als eine Ausstellung: Man kann nach rechts und links gehen, die Geschichte beginnt nicht bei Bild Nummer 1, sondern entfaltet sich potenziell von überall her.

Bedeutet das, dass Sie eine spezifische Vorstellung davon haben, wie Sie Ihr Werk präsentieren?

Das ist eine zweischneidige Frage, weil ich kürzlich damit begonnen habe, mir weniger Gedanken zu machen über die verschiedenen Arten, mein Werk zu präsentieren. Bilder können auf viele verschiedene Weisen behandelt werden, und ich glaube nicht, dass das alles von einem Ergebnis abhängt. Die Idee des Bildes als perfekt fokussiertes Objekt, das den Blick präzise lenkt, ist meines Erachtens wichtig, doch ich möchte diese auch gerne öffnen und auf andere Weise verwenden. Wenn der Raum nicht spezifisch ist, dann muss das Bild meiner Meinung nach nicht fokussiert zu sein, und so ist das Werk versiegelt und geschützt. Ich interessiere mich bisher sehr für diese Projekte / Pavillons, die ich mit OFFICE [OFFICE KGDVS, Anm. d. Verf.] gemacht habe, wo wir zusammen ein Bild und einen Raum in einem Objekt entwerfen. Das Bild ist in diesen Fällen ein buchstäblicher Raum, der erlebt werden kann. Die dabei aufkommende Frage ist: Ist das eine architektonische Arbeit oder eine ikonografische? Ich denke, dass dies eine interessante Fragestellung und eine interessante Untersuchung ist. Die Biennale in Venedig im Jahr 2010 war der perfekte Ort, um zu zeigen, womit wir experimentieren, und später machten wir den "Wall Pavilion" in Shenzhen [Bilder 1-4] und das "Modell für einen Pavillon" in Chicago, wo das Bild auf dünnen Stoff, eine Art Vorhang, gedruckt ist. Und obwohl es sich dabei um eine sehr feine Schicht handelt, vermittelt das Bild eine ganz klare, fast architektonische Raumerfahrung.

Was das anbelangt, so würden wir gerne wissen, wie sich einige Ihrer Arbeiten in Kooperationen mit Architekten umsetzen lassen und wie sie mit deren eigenen Arbeiten interagieren, sodass sich neue Interpretationen des Raumes in Ihren Fotografien entwickeln.

In diesem Zusammenhang kann ich die Folge *Petra* anführen. Diese Bilder zeigen eine Übereinstimmung mit Themen, über die andere Fotografen wie etwa Mimmo Jodice zuvor gearbeitet haben. Eine meiner Fotografien könnte als eine Aktualisierung angesehen werden, meine Fassung ist etwas boshafter oder zumindest weniger romantisch. In *Section (Petra)* [Bild 7] habe ich die antiken Siedlungen in Jordanien fotografiert, und zwar so, dass ihr romantisches Bild widergespiegelt wird. Es eine Steinfassade zu sehen, die so fotografiert ist, als gäbe es einen dunklen Hohlraum hinter einer hauchdünnen Steinfassade und als wären Stücke herausgefallen wie in einem Puzzle. Ich mag diesen Moment der Fotografie, in dem man an der Realität zu zweifeln beginnt und daran, was man sieht, oder wenn der Geist etwas anderes sehen will, an das man sich buchstäblich erinnert, das heisst, wenn der Geist darüber zu spekulieren fortfährt, was dargestellt ist.

In *Pillar (Petra)* [Bild 6] haben wir es mit etwas Ähnlichem zu tun: Man kann den Pfeiler in dem Bild sehen, doch rational gesehen stimmt das nicht, es ist sogar schwer zu sagen, ob es sich um einen Gegenstand handelt oder ob dieser massiv ist, man kann nur schwer entziffern, was zuerst und was zuletzt passiert. Wenn man versucht, die Realität zu analysieren, dann wird sie unentzifferbar. Waren die behauenen Säulen schon vorher da? Sind sie einfach abgebrochen? Wurden sie vom Wasser ausgehöhlt? Die Art und Weise, wie sie entstanden sind oder wie sie geschaffen wurden, man kann fast sagen, die Art und Weise, wie sie gestaltet wurden, bleibt ein Rätsel, das durch die Fotografie gesteigert wurde oder sogar erst entstanden ist. Es bleibt ein Gleichgewicht, wenn man weiterhin zurückgeht und zu verstehen sucht.

Room (Petra) [Bild 5] ist die Umkehrung vieler Dinge. Die erste Umkehrung besteht darin, dass jeder das Bild auf den Kopf drehen will, weil in der Vorstellung von Landschaft der hellere Teil des Bildes zumeist oben und der dunklere unten ist. Die zweite Umkehrung läuft darauf hinaus, dass wir uns in einer Landschaft befinden, jedoch in einer, in der ein Raum gestaltet ist, und es ist nicht klar, was nun mehr Bedeutung hat oder dominiert. Man hat das Gefühl, Teil einer Landschaft zu sein, und gleichzeitig, in einem Raum zu stehen, es ist einfach die Aufgabe der Betrachter, was sie zuerst sehen wollen.

Ausgehend von diesen Folgen begann eine Zusammenarbeit mit Anne Holtrop, die meine Arbeiten aus *Petra* nutzt und verwertet. Es besteht die Vorstellung, dass man an dem arbeitet, was man sieht, was beinahe buchstäblich dafür aufgenommen wurde, damit man etwas wiederherzustellen versucht und in dem Prozess eine neue Darstellung findet. Anne begann damit, Gipsabgüsse zu machen und Stücke herauszuschneiden, genau wie diejenigen, die man in der Folge *Petra* sehen kann. Es gab ein klares Echo zwischen den Objekten und den Bildern, sie haben begonnen, sich gegenseitig zu inspirieren. Die Modelle wurden in Dänemark ausgestellt, wo all die Stücke in einem orthogonalen Raster angeordnet waren und jedes Exemplar eine leicht unterschiedliche Farbe hatte. Ich beschloss, das Modell wieder zu fotografieren, so als wäre es ein Architekturteil, als wäre es mit den gleichen Mitteln errichtet worden, mit denen Petra aus dem Stein gehauen wurde, wobei klar war, dass wir etwas betrachten, das zwischen Künstlichem und Natürlichem angesiedelt war. Sechs dieser Fotos sind gerahmt, und sie zeigen Details kleiner Räume, die in dem Modell existierten. Ich schlug danach vor, die Fotos zurück in das Modell zu legen, weil ich daran interessiert war, das Modell weiterzuentwickeln, den Entwurf voranzubringen, sodass es nochmals als neuer Raum vorgestellt werden könnte.
In der Ausstellung spiegelten wir das erste Foto von *Petra*: An diesem Punkt gibt es unglaublich viel Resonanz, es spielt keine Rolle, woher es kommt, doch es liess eine Raumvorstellung entstehen. Es ist fast so, als würde ein Röntgenstrahl durch diese Räume gehen und als würde etwas Seltsames geschehen, wenn man ihn in das Modell selbst lenkte, man übergeht den Massstab des Modells, eine genaue Festlegung wird unmöglich. Die Fotografien von Petra hatten auch die gleiche Grösse wie das Modell, und es herrschte eine Symmetrie vor [Bild 8-9].
Später fotografierte ich einen vollmassstäblichen Pavillon so, als wäre er beinahe ein Modell [Bild 10], oder auch ein Stück der Landschaft von Petra, jedoch in der

falschen – inversen/negativen Farbe. Es war fast eine Umkehrung in Farbe und Mass, ich liebe diese Idee, die Hilfsmittel und Definitionen von Fotografie weiterzuverwenden: in diesem Fall den Abzug und das Negativ.

Bas Princen lebt und arbeitet als Fotograf in Rotterdam und Zürich.

Bas Princen

Ringroad Huston (2005)

Ausgestellt bei BOZAR

2016

1-4 Bas Princen (in Zusammenarbeit mit OFFICE Kersten Geers David Van Severen)
Wall Pavilion
2014

5 Bas Princen
Room (Petra)
2012

6 Bas Princen
Pillar (Petra)
2012

7 Bas Princen
Section (Petra)
Ausgestellt im Centro Pecci, Prato (IT)
2012

8 Studio Anne Holtrop
Batara Pavilion
Wageningen, 2013
[Foto Bas Princen]

9 Bas Princen (in Zusammenarbeit mit Studio Anne Holtrop)
Section (Petra) and *Batara (Model)*
Ausgestellt in Centro Pecci, Prato (IT)
2012

10 Bas Princen (in Zusammenarbeit mit Studio Anne Holtrop)
Batara (Model)
Ausgestellt im Centro Pecci, Prato (IT)
2012

YURI

ANCA

ARANI

Ich denke, einer der unglaublichsten Momente meines Lebens war, als ich als Kind auf allen Vieren im Garten unterwegs war und einen Ameisenhaufen betrachtete. Er war unglaublich nah und gross und furchterregend. Ich konnte ihre Welt in ihrem Tempo verfolgen.
Das ist meines Erachtens eine der erstaunlichsten Erfahrungen, die ein Kind machen kann, doch wenn ich heute darüber nachdenke, ist es eine Erfahrung, die ich überwunden habe. Jetzt bin ich auf der Suche nach immer stärkeren Erlebnissen, ich bin erwachsen geworden und kann es mir leisten, meinen Garten zu verlassen und in verschiedene Welten zu reisen, doch ich erinnere mich immer daran, wie ich diesen Ameisenhaufen betrachtet habe. Das ist die Dimension, nach der ich strebe: etwas Wunderbares und Unglaubliches zu erzählen, das dank der Art der Schilderung und der Kraft der Bilder seiner Darstellung viel grösser erscheint, als es eigentlich ist, auch dann, wenn es furchterregend ist. Ich interessiere mich für das Aussergewöhnliche.

Dieses Gespräch mit Yuri Ancarani fand am 3. Mai 2017 im Atelier des Künstlers in Mailand statt.

Ihre Werke stellten das dar, was wir als Ökosysteme bezeichnen würden, insofern, als sie unabhängige Welten sind mit ihrem eigenen autonomen Gleichgewicht, ihren eigenen Regeln und Sprachen, die Sie in Filmen festhalten und zeigen. nwieweit sind Sie objektiv bei der Schilderung dieser Welten und wie erkennen Sie, wie eine Geschichte aufgebaut werden muss, die mit diesen beginnt?

Für mich ist das Sujet nicht so wichtig wie der Blickpunkt. Ich arbeite ganz instinktiv. Ich habe gewöhnlich eine Intuition, die man dann abwägen muss, da sie dazu führt, dass man mindestens ein Jahr lang Energie in ein Projekt investiert. Ich untersuche die Orte nicht, die ich besuche, oder auch das, was ich darstelle, denn sobald ich ankomme, mache ich neue Erfahrungen, und ich kann sie deshalb unglaublich finden, weil sie zum ersten Mal geschehen. Ich versuche, durch den Film die Menschen diese Momente erleben zu lassen, und deshalb beginnt jede Arbeit immer in medias res, werden die Zuschauer bereits gründlich mit dieser Welt vertraut gemacht. Es gibt keine Einführung und auch keinen Vorspann, der Film beginnt einfach, genauso wie meine Erfahrung beim ersten Mal war. Insofern ist die Sichtweise in meinen Filmen sehr persönlich. Die Filme bestehen nur aus Bildern, mittels deren ich zu erklären und zu zeigen versuche, was geschieht. Ich füge niemals eine Stimme hinzu, damit diese erklärt oder beschreibt, was die Leute gerade sehen. Man könnte es als Reportage bezeichnen, doch es herrscht immer eine sehr strenge Sichtweise, und ich versuche, die Dinge immer so zu betrachten, wie ich sie als Kind gesehen habe.
Als ich zum Beispiel wochenlang die Feuerwerkskörper tagsüber im San Siro-Stadion habe knallen hören und entdeckte, dass es nicht die berühmt-berüchtigten Ultras waren, die sie anzündeten, sondern die Gärtner, die die Tauben aufschrecken und vertreiben mussten, damit sie arbeiten konnten, fand ich das unglaublich.
Das Gleiche geschah, als ich sah, wie die Arbeiter geräuschvoll die Absperrungen wegräumten, und ich die Musikalität der gewaltsamen Geräusche wahrnahm, die sie machten. Diese vermummten Leute, die bei Regen die Absperrungen herumschleuderten, sahen aus wie Kriminelle, die in der Welt des Fussballs sehr reizvoll sind: eben die *Ultras*. Ich begann mit meinem Film, indem ich es so aussehen liess, als wären die Arbeiter, die mit Brechstangen die Gullylöcher öffneten, Ultras, die bereitstehen, um das Event zu boykottieren. Ich habe immer auf dieser Ambiguität in der Rolle der Charaktere beharrt, die im Stadion vor dem Spiel eingreifen. Mir gefiel die Idee, dass die zu Beginn des Films sichtbarsten Personen all diejenigen waren, die unsichtbare Rollen haben, von deren Existenz niemand wusste, die jedoch zur

Infrastruktur des Stadions gehörten, und dann konnte ich nur mit einem Fussballer enden...

Wir würden gerne noch weiter über den Film *San Siro* sprechen, der unserer Meinung nach Ihre architektonischste Arbeit ist. Was war der Anlass für Ihr Interesse an dem Stadion und was wollen Sie mit dieser riesigen Maschinerie aus Unterhaltung und Ritualen schildern?

San Siro ist Teil einer Arbeit, die Heilige mittels Bauwerken darstellt. Sie können sagen, dass *San Siro* ein Film ist, der die Energie, die ein Gebäude überträgt, zusammen mit dem, was es beinhaltet, darstellt. Ein stärker mit unserer Kultur verbundenes Beispiel dafür könnte der Moment sein, in dem man in eine Kirche oder Kathedrale geht: Plötzlich explodiert etwas in uns, und man kann klar die Erhabenheit des Heiligen wahrnehmen. Im Allgemeinen können Stadien von einem bestimmten Blickwinkel aus als moderne Kathedralen definiert werden. Sie sind das, was die Kirchen einmal waren, ein Ort, wo Menschen zusammenkommen und an einem bedeutsamen kollektiven Ritual teilnehmen. Deshalb zeitigt *San Siro* die gleiche Wirkung wie eine Kathedrale: Es ist eine monströse, jedoch unglaublich attraktive Struktur. Meine Intention - die ich hoffentlich erreicht habe - war das Vermitteln dieser Energie, die durch die grosse Menschenmenge, die dieses Ritual einlöst, jeden Sonntag zum Stadion zu pilgern, freigesetzt wird. Trotz meiner Absicht ist es in jedem Fall nicht klar, was das Sujet des Films ist. Ich möchte sagen, dass *San Siro* ein Blick hinter die Kulissen vor einem Fussballspiel ist, doch wenn man ihn nochmals betrachtet, dann begreift man, dass er eigentlich viel mehr darstellt.

Die Trilogie *La malattia del ferro*, die *Il Capo*, *Piattaforma Luna* und *Da Vinci* beinhaltet, hat einen monumentalen Aspekt, der auch mit den Hauptcharakteren in den Filmen zusammenhängt. In den ersten beiden Filmen sind die Protagonisten Arbeiter, die am Ende der Welt arbeiten, in dem dritten sind es Chirurgen, die sogar noch unglaublichere Dinge tun, sie gehen dahin, wohin Menschen niemals gelangen können, sie schieben sich in das Innere des menschlichen Körpers, wohin auch das Heilige nicht gelangt.
In *San Siro* sind es keine präzisen Sujets, die Dimension des Films ist eher das, was man fühlt.
San Siro war nach *Da Vinci* der erste Film auf der Suche nach dem Unsichtbaren, wo kaum merkliche Eindrücke vorherrschen. Ich denke an den emotionalen Höhepunkt, der durch den Strudel Menschen entstand, die verfolgt von kreischenden Fans auf die Rampen klettern. Das Bild, das auf das Geschrei folgt, ist eine Wand, es gibt keinerlei Bewegung, man sieht nur die Rückseite der Bleicher. Man spürt die Emotion von etwas, das man nicht sieht, sondern sich nur vorstellen kann. Die Kraft, die diesem

Bauwerk innewohnt, verwandelt dieses in eine heidnische Kathedrale, und der Name des Stadions – San Siro – vermittelt perfekt die Vorstellung. Der ganze unsichtbare Teil des Films folgt dann.

The Challenge versucht, die Atmosphäre der Wüste einzufangen, doch im Gegensatz zu allen anderen Filmen machen die Charaktere am Ende nichts, sie verschwenden ihre Zeit. Der epische Aspekt hier lässt einen glauben, dass man etwas tut, ohne eigentlich etwas zu tun. Das ist extrem erweitert, die Zeit verstreicht in merkwürdigem Mass, und der Einzige, der seine Aufgabe erledigt, ist der Falke, weil er von dem Urinstinkt des Hungers getrieben wird. Ich glaube, das Sujet ist sehr stark mit *San Siro* verbunden, weil das zugrundeliegende Thema spielerisch ist, doch während das eine Sujet sonntags stattfindet und, wie ich bereits zuvor erwähnt habe, einen periodisch wiederkehrenden Ritualcharakter hat, können diese Dinge in der Wüste jeden Tag geschehen.

Ich stelle diesen Vergleich an, weil ich Filme gern in ihrer Abfolge sehe, als wären sie alle Teil eines gross angelegten Forschungsprojekts. Ich habe das Gefühl, dass die Szene, genau wie bei der Filmbearbeitung, zusammen mit der vorhergehenden Aufnahme und mit der nachfolgenden funktionieren muss, nicht nur was die Geschichte und die Komposition anbelangt, sondern auch auf konzeptueller und symbolischer Ebene, und dass in den Filmen, die ich sogar nach Jahren mache, die gleiche Konsequenz und Kontinuität herrschen müssen.

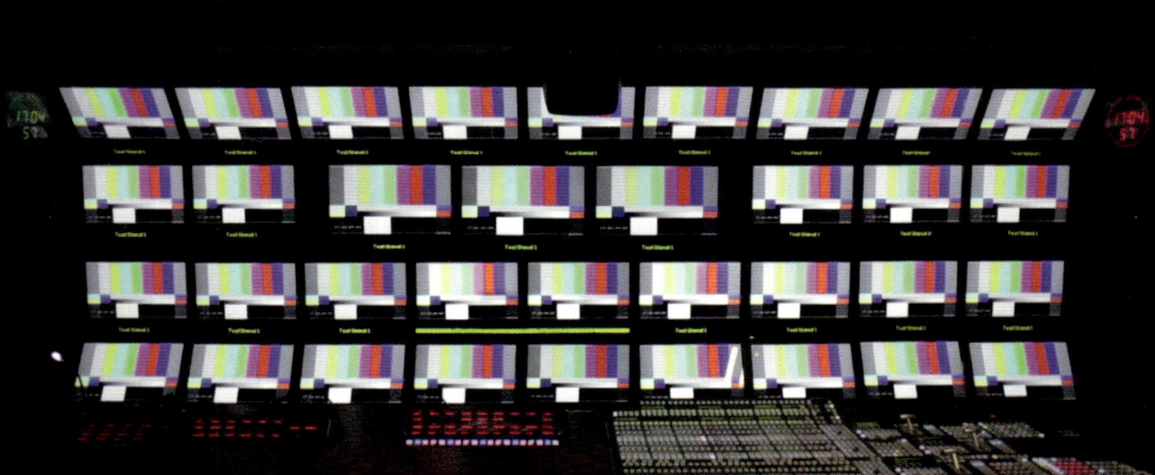

Ein Aspekt Ihrer Arbeit, der uns interessiert, ist der Massstab, wo Menschen von makroskopischen oder mikroskopischen Dimensionen interagieren und von einem Massstab zu Räumen, die ansonsten undefinierbar wären. Was führt zu diesem Verhältnis in den Filmen?

Jedes Mal, wenn ich einen Film mache, versuche ich immer, das darzustellen, was mir ein grossartiges, fast erhabenes Gefühl vermittelt. Dieses Gefühl kann durch unmögliche Szenarien für menschliche Wesen entstehen, deren Unmöglichkeit häufig ihrer Grösse geschuldet ist. Ich versuche, etwas im Vergleich zu dem darzustellen, was ich sehe, damit ich das erreiche, was ich fühle. Es ist sehr schwierig, das alles in einem Film unterzubringen und es in Bildern darzustellen, doch es ist auch sehr spannend. Obwohl es an menschlichem Mass fehlt, gibt es immer ein Element der Erinnerung, das eine Interaktion mit diesen unendlich grossen oder kleinen Dimensionen im Film erlaubt. *Da Vinci* ist völlig frei von der Vorstellung, wie gross der Raum ist, wo die Handlung stattfindet, instinktiv wird er als sehr klein wahrgenommen, doch gleichzeitig bewegen sich die Leute darin relativ leicht und leben in gewissem Sinn auch darin. Als ich – immer noch bei *Da Vinci* – in den Operationssaal ging, hatte ich keine Vorstellung davon, was ich vorfinden würde. Der Film existierte nicht, doch es gab nur ein Wort: „Da Vinci", der Roboter. Ich hatte noch nicht einmal ein Film-Treatment, keine Erklärung, ich hatte diese Welt niemals gesehen, noch hatte ich mich damit beschäftigt. Jedes Mal, wenn ich ein neues mögliches Detail sahe, würde ich den Filmschnitt in meinem Kopf zerstören und wieder rekonstruieren. Die Art und Weise, wie ich diesen Prozess realisiere, ist sehr anstrengend: Mein Tontechniker, Mirco Mencacci, ist blind, und eines Tages beschrieb er meine Arbeitsweise sehr gut, indem er sie als «offene Methode» definierte: Ich gehe zu einem Ort, ich beginne umherzulaufen, und meine Assistenten folgen mir. Das ist ermüdend, weil ich immer am Rande des Scheiterns stehe, insofern, als ich die magische Welt, nach der ich suche, vielleicht nicht finden kann. Gleichzeitig ist es wirklich stimulierend, wenn mich das Material reizt, das ich finde, und ich beginne, einen Film zusammenzustellen. Zwangsläufig gibt es Zeiten, in denen es trotz einer Menge Arbeit am Ende des Tages kein brauchbares Material gibt, doch all die Bilder – sogar die wertlosen – werden Teil des Filmgestaltungsprozesses und helfen, das zu erstellen, was dann die letzte Sequenz werden wird.

Ein Beispiel ist *Piattaforma Luna*, wo ich einen faszinierenden unvorstellbaren Lebensweg schildere, der sich von dem (eines Astronauten) einer Gruppe von Gerätetauchern nicht unterscheidet. Ich wusste, dass ich einen Auftrag bekommen würde, das Ventil einer Unterwasserquelle zu öffnen, und von Anbeginn an stellte ich mir die Schlussszene mit dem Taucher vor, der um dieses riesige Handrad in Hunderten Metern Tiefe schwimmen würde. Ich war besessen von diesem Bild und wartete un-

geduldig. Jedenfalls gab es, während wir filmten, ein Leck in einer nahegelegenen Ölbohrinsel, und so musste das Boot seine Position wechseln und die erwartete Öffnung des Ventils war nicht mehr möglich. Ich befand mich inmitten einer Notsituation mit den Tauchern, die Tag und Nacht unter Wasser hämmerten. Ich war wütend und enttäuscht, weil ich dachte, der Film könne nicht fertiggestellt werden, doch dann sah ich, wie die Taucher die Leitungsrohre unter Wasser reparierten, und dieses Hämmern unter Wasser erschien wie das perfekte Ende. So konnte ich den Film fertigstellen.
Bei *The Challenge* war der Input für den Film und die Handlung ein Foto, das ich auf Instagram gefunden habe: Ein Mann neben einem weissen Lamborghini und einem Gepard. Ich bin nach Katar zu ihm gereist, und er hatte einen neuen schwarzen Lamborghini, weil er einen Unfall gehabt hatte. Ich war zufrieden, jedoch enttäuscht, weil ich mir vorgestellt hatte, wie all das Weiss durch die Wüste raste, doch dann realisierte ich, dass der Lamborghini die gleichen Farben hatte wie der Gepard: gelb und schwarz. Und das war der Anfang des Films, bei mir ist das immer so, es gibt vorher keine Geschichte, doch eine konstante Entwicklung von Gefühlen, Motivationen und Bildern, die deshalb meine ständige Aufmerksamkeit erfordern, damit sie erfasst werden können.

Wenn Sie zu filmen beginnen, wie entwickelt sich das dann? Eine uns allen vertraute Eigenschaft ist insbesondere Ihr Einsatz von Ton, bei dem es sich nie um eine Stimme und nur selten um Musik handelt, vielmehr um eine Art Ergänzung der Bilder, denen er nie untergeordnet ist, sondern komplementär zu ihnen, damit ein Erlebnis entsteht. Wie gehen Sie am Set für die Tonaufnahmen vor und was bedeutet für Sie Ton im Vergleich zu Bildern?

Wenn ich arbeite, sind sehr wenige Leute am Set: ich, mein Assistent, der die Objektive hält und die Kamera bedient, wenn ich keine Zeit habe, mein Tontechniker, mit dem ich am Set viel rede, sowie sein Assistent. Wenn ich in einem Raum bin, dann berichte ich meinem Tontechniker, welche Eindrücke ich habe und was ich vermitteln will. So wirkmächtig ein Bild auch sein kann, es kann niemals die Emotionen eines Tons vermitteln, der in uns dringt und uns sofort in die Situation versetzt. Ein Bild erhält nur durch den Ton seine eigentliche Kraft; ich verwende gern Musik, die mit dem Sound beginnt, den Mirco erzeugt, sodass man nicht sagen kann, was Klang oder Musik ist, sie vermischen sich und werden eins.
Ton ist für mich fast das Drehbuch des Films, ich nehme zum Beispiel nicht gern melancholische Momente durch melancholische Musik vorweg, und so setze ich sie als Beiwerk ein oder ordne sie den Bildern hierarchisch unter. Meiner Meinung nach tragen Ton und Bild gleichermassen zur Erzeugung eines Gefühls bei, und in meinen Filmen versuche ich immer, aus diesen beiden Aspekten einen zu machen.

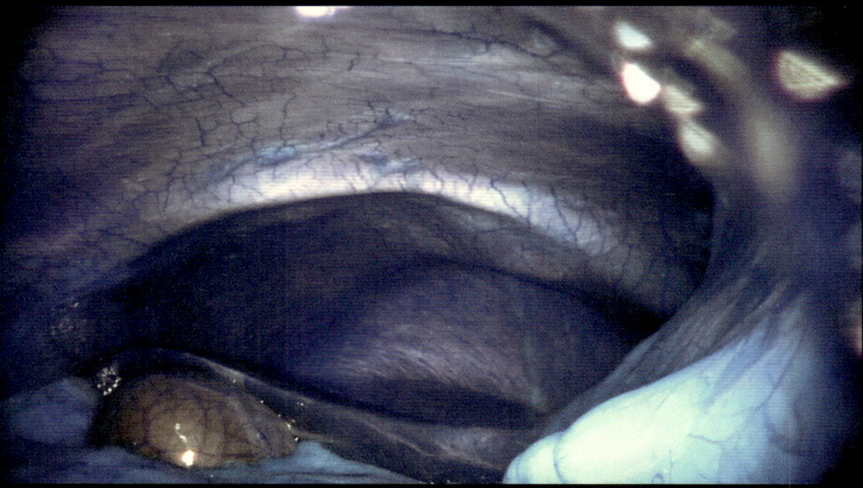

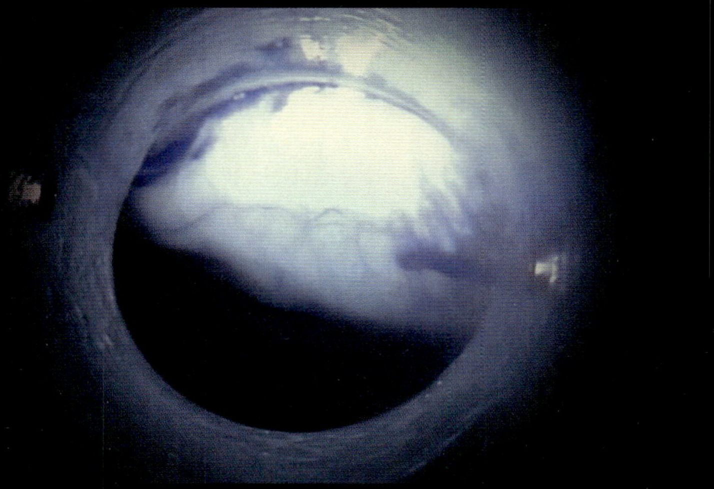

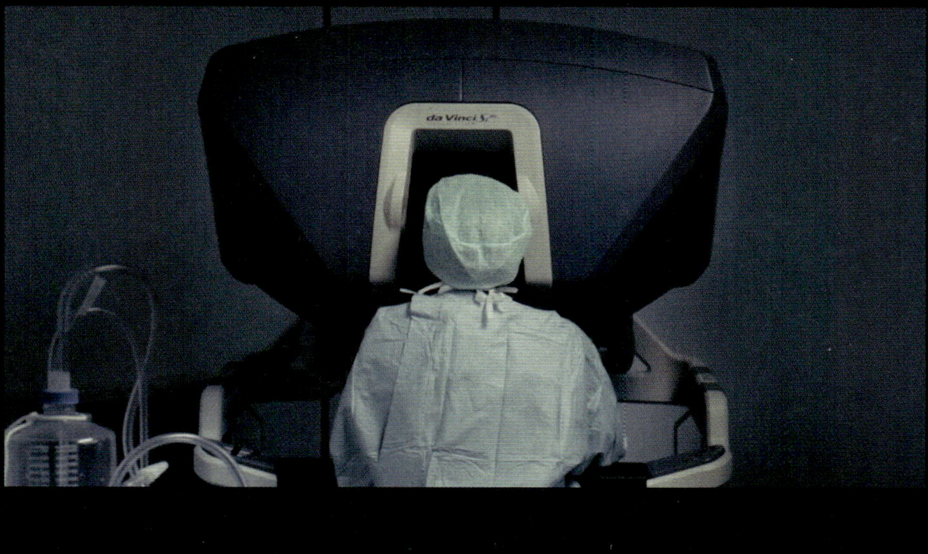
da Vinci

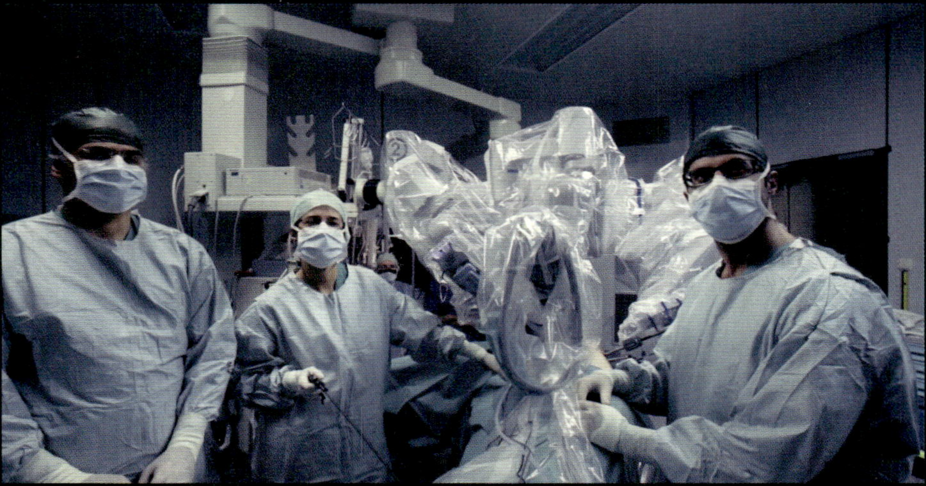

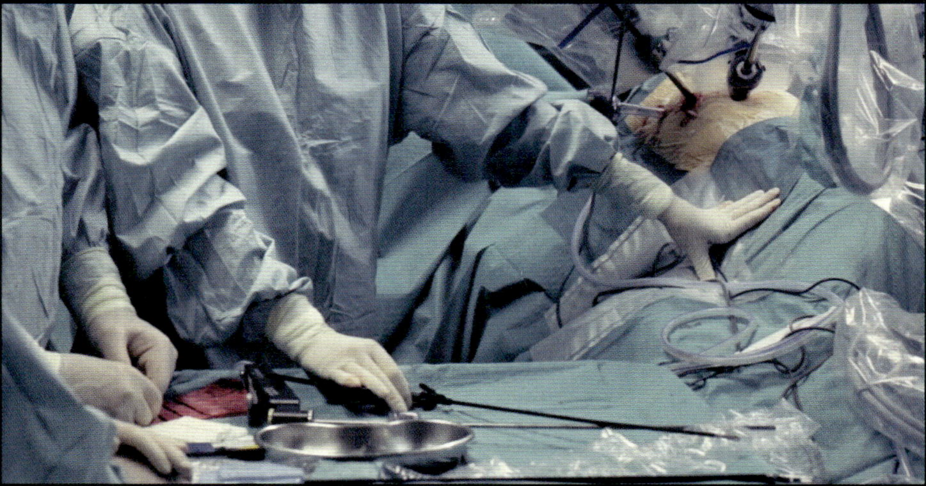

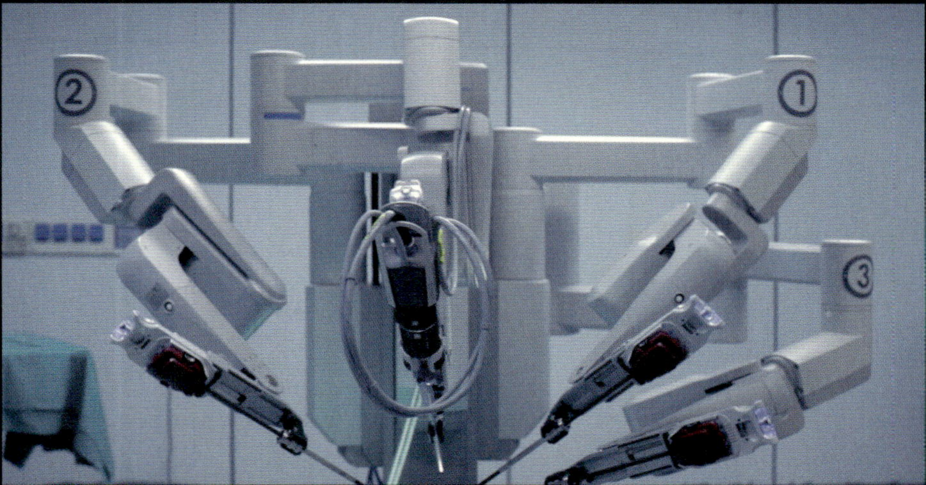

2
1
3

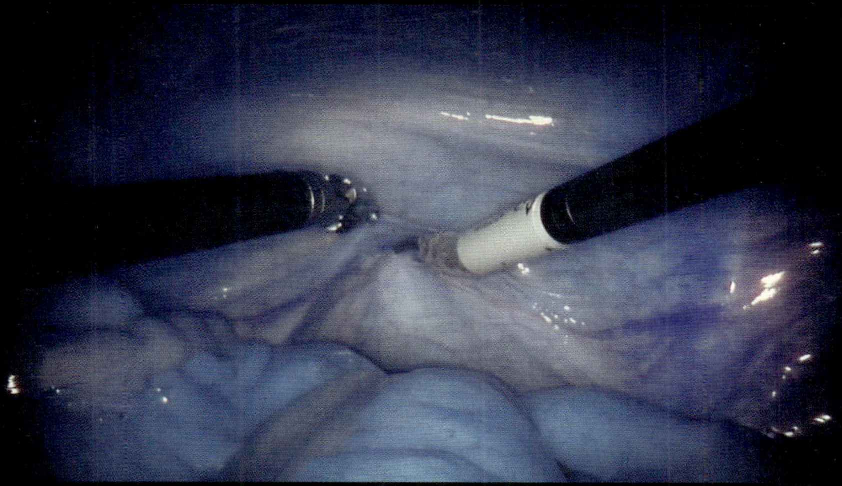

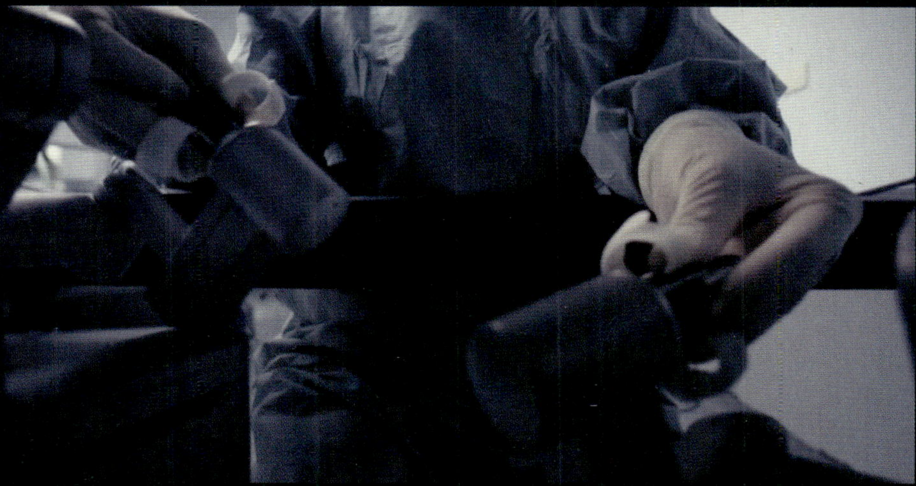

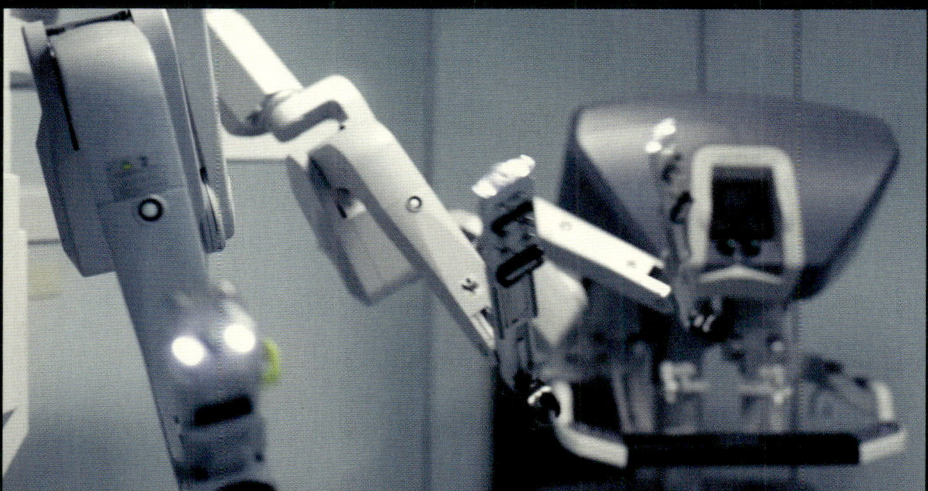

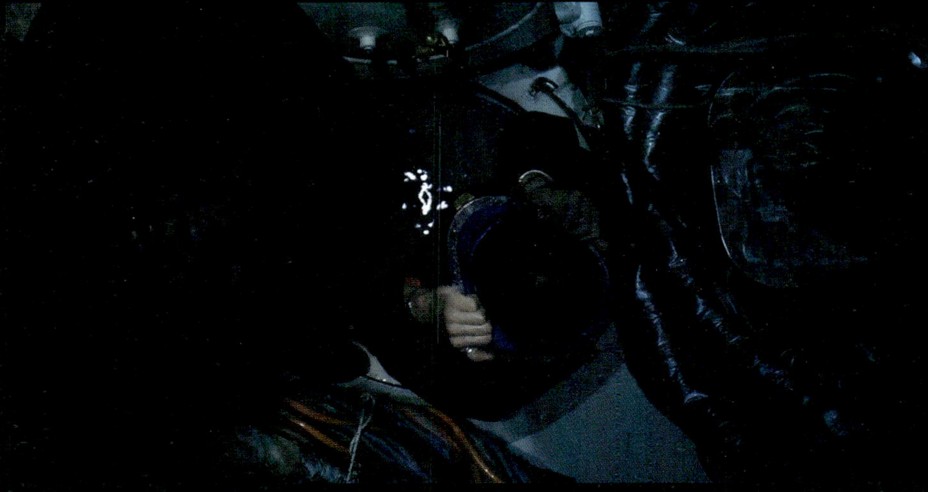

12

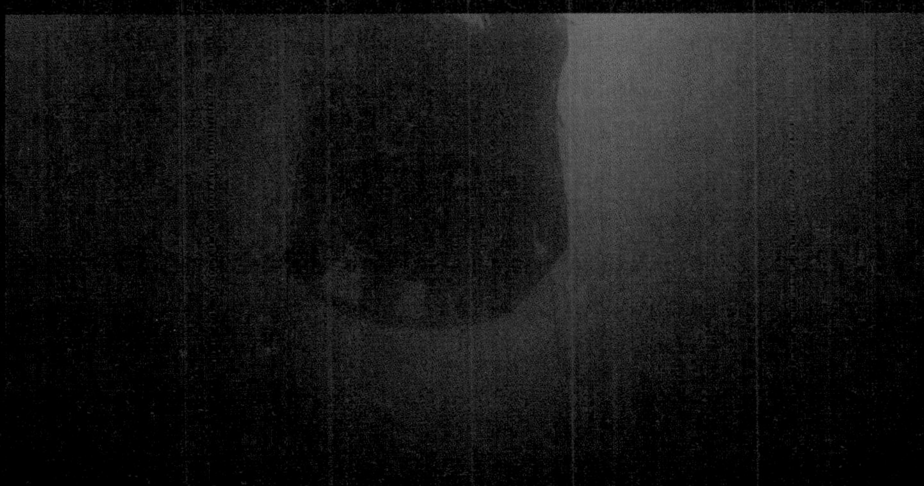

Ein anderer Aspekt, den wir besonders interessant finden, ist das Verhältnis zwischen Menschen und Maschinen, die Präsenz ausgeklügelter konstruierter Maschinen im Kontakt mit dem rauen und brutalen Leben.
Wir würden sagen, dass die Menschen mitunter automatisiert sind, dass die Maschine beinahe ein Monster ist, das ein Eigenleben entwickelt und die Menschen entsprechend einer Logik agieren lässt, die nicht mehr menschlich, sondern vielmehr die der Maschine selbst ist. (In *Il Capo* kommuniziert und bewegt sich die Hauptfigur genau so, wie sich die Maschine in den Berg frisst, genau wie in *Da Vinci* sich der Chirurg nicht bewegt, als würde er nicht mit seinen eigenen Händen schneiden und nähen, sondern vielmehr mit mechanischen Armen). Suchen Sie diesen Kontrast?

Ich bin immer an Kontrasten und Gegensätzen und gleichzeitig an dem Aussergewöhnlichen und seiner Bedeutung interessiert. Diese beiden Konzepte gehen Hand in Hand, für mich muss jedes Bild etwas Aussergewöhnliches in sich tragen im Sinne dessen, dass es starke Gefühle hervorrufen, uns in eine andere Welt versetzen können muss. Ein geläufiges, jedoch wirkungsvolles Beispiel für den einigen Bildern innewohnenden Widerspruch ist ein Vulkanausbruch, ein solch hypnotisierendes und aussergewöhnliches Element, doch zur gleichen Zeit bringt es uns in Kontakt mit Kräften, die sich ausserhalb unserer Macht und Kontrolle befinden, die gefährlich sind und Angst erzeugen. Das Duo von Mensch und Maschine zum Beispiel ist Teil eines bestimmten Filmgenres, das ich mag: des japanischen Cyberpunk, bei dem es sich jedoch gänzlich um Fiktion handelt, während ich alles, was ich mag und in einem Film vermitteln will, in der Realität suche.
Bei den Maschinen, die die Hauptfiguren in meinen Filmen sind, handelt es sich im Wesentlichen um Monster. Der Roboter in *Da Vinci* wird am Ende des Films lebendig, er ist aufgeregt und bewegt sich, als wäre er von seinem eigenen Willen angetrieben, doch das ist nur ein Check-up, der einmal im Monat gemacht wird, um die Glieder zu kontrollieren.

Ihre Filme zeichnen sich durch äussersten Realismus aus, dem fast surreale oder paradoxe Elemente beigegeben sind, die eine geheimnisvolle Wirkung erzeugen und ein Gefühl des Unwirklichen vermitteln. Diese Bilder scheinen aus der Welt

der Mythologie zu kommen: Der Protagonist von *Il Capo* zum Beispiel sieht aus wie ein moderner Sisyphos.
Bei *The Challenge* sind wir besonders an der Symbolik interessiert: Wir waren berührt davon, dass die Tiere eine Art Trophäe oder Paradigma absoluter Macht sind und dass sie zur alten Beduinentradition und zum neuen Überfluss einen Kontrast bilden und gleichzeitig neben diesen bestehen.

Für mich ist der narrative Aspekt, das Geschichtenerzählen, nicht wichtig. Was zählt, ist das Bild als Symbol und seine Bedeutung, die Erfahrung, die man macht, wenn man meine Filme schaut.
In der Welt der Kunst waren die Idee und die Symbolik immer der Fokus eines Werks, jedes Werk wurde durch ein Symbol repräsentiert. Ich versuche, viele symbolträchtige Situationen in ein Makroprojekt einfliessen zu lassen. In *The Challenge* zum Beispiel gibt es den Gepard (das schnellste Tier) auf dem Lamborghini und den Falken (das Tier, das am höchsten fliegt) bei dem Privatjet. All das Material ist real, es passiert wirklich und wird manipuliert, um andere Bedeutungen zu erzeugen, um den Film geheimnisvoller zu machen. In gewisser Weise schafft es die Aufgabe, eine Geschichte zu erzählen, ab und stellt es stattdessen auf die Ebene eines Kunstwerks, bei dem jedes Bild mehrere Bedeutungen annehmen kann, die über den unmittelbaren Zusammenhang hinausgehen.

Fast Science-Fiction...

Ich interessiere mich nur für die epische Dimension des Kinos, weil alles fingiert ist. Bei meiner Arbeit versuche ich, dieses epische Element zu integrieren, doch ich empfinde das Bedürfnis, Wahrhaftigkeit zu erzeugen, und so suche ich nach ihr in der Realität. Ich glaube, alles entwickelt sich aus diesem schmalen Grat. Ich definiere diese Bilder als «episch-kulturell».

Yuri Ancarani lebt und arbeitet als Video Künstler in Mailand.

HITACHI

HITACHI

KOMATSU

Unknown

1-18 Yuri Ancarani
San Siro
2014

18-27 Yuri Ancarani
Da Vinci
2012

27-36 Yuri Ancarani
Piattaforma Luna
2011

36-45 Yuri Ancarani
Il Capo
2010

45-54 Yuri Ancarani
The Challenge
2016

ANNI
HOL

ROP

Bei meiner Arbeit beginne ich mit Formen oder materiellen Gesten, die häufig aus einem Bereich ausserhalb der Architektur kommen, und das mache ich in der Überzeugung, dass die Dinge immer wieder überprüft und neu interpretiert und im Gegenzug auch als Architektur betrachtet werden können. Genau wie jemand einen Schmetterling oder einen See in den Tintenklecksen eines Rorschachtests sehen kann. Ich versuche, materielle Gesten und Formen frei zu betrachten, und lasse sie als Architektur agieren. So entsteht Architektur, indem man sich einen nächsten Schritt auf die vorhergehenden, bereits erfolgten Schritte vorstellt und man bestrebt ist, das Werk auf ziemlich die gleiche Weise, wie es entstanden ist, interpretierbar bleiben zu lassen.

Dieses Gespräch mit Anne Holtrop fand am 20. November 2015 in der Bar Colonne in Mendrisio sowie am 2. November 2016 im Corso Como 10 in Mailand statt.

Wir sind ganz fasziniert von Ihrem Arbeitsprozess und von der Art und Weise, wie Sie Ihre Untersuchungen zu Form und Material weiterführen. Könnten Sie uns erklären, wie Sie arbeiten und welche Hilfsmittel Sie einsetzen?

Wenn ich von einer «möglichen Architektur» spreche, dann beziehe ich mich auf Hermann Rorschach, der den «Schmetterlingstest» erfand. Da die Tintenkleckse in seinem Test nichts darstellen, überlassen sie der Fantasie die Möglichkeit, etwas zu sehen und zu erfassen. Ein Interesse an «einer möglichen Architektur» ist der Aspekt der Entdeckung: Man entdeckt die Möglichkeit der Architektur durch die Form, die keine Logik hat, genau wie die Tintenkleckse. Ich möchte auf diese Weise erklären, wie ich den Beginn einer Arbeit sehe. Ich arbeite gern mit Formen oder Herstellungsmethoden, die nicht direkt aus der Logik der Architektur stammen, wie etwa das zufällige Erstellen von Zeichnungen. Sie sind eine Forderung nach einer Architektur. Die Frage ist dann: «Wie könnte man daraus etwas konstruieren, oder wie bekommt das eine Logik für Architektur?»
Einen anderen Aspekt meiner Herangehensweise an Entwürfe bezeichne ich als «materielle Geste». Das Wort "Geste" wird von Roland Barthes definiert, der es als einen mit einer Atmosphäre umgebenen Akt beschreibt. Während ein Akt auf einen Anlass folgt und Logik bewirkt, ist die Geste angetrieben von all den Impulsen einer Person, die sie ausführt, und dem Charakter eines Materials. Eine Geste kann ein Akt ohne jegliche Logik sein. Ich glaube, dass die Geste Charakter verleiht und eine spezifische Perspektive auf ein Werk eröffnet, ohne ein Endergebnis zu definieren und zu suchen. Ich mache viele Zeichnungen, und dann beschliesse ich in einem bestimmten Moment, dass etwas mein Ausgangspunkt ist, dass ich damit arbeiten will, und dann ist die Architektur die Konsequenz aus all dem. Der Plan, die Art und Weise, wie sie gebaut ist, und all die mechanischen Fragen sind Konsequenzen des Anfangs, den ich bereits gemacht habe. Und das ist ein wichtiger Aspekt, er steht am Beginn der Arbeit, soll aber auch in deren Umsetzung verkörpert bleiben.
Ich mag die Konsequenzen dieser Methode, die immer eine Form von Offenheit im Werk hinterlässt. Es ist niemals gänzlich festgelegt. Ist die Architektur einmal gebaut, lässt sie dem Besucher immer noch einen Interpretationsspielraum, weil nicht alles begründet werden kann, warum es so ist.

Man kann an Ihrer Arbeit klar Ihr Interesse an der Beschäftigung mit Formen erkennen. Könnten Sie erläutern, wie Sie diese erzeugen?

Ich würde drei Kategorien von Zeichentechniken unterscheiden, die ich bislang gebraucht habe und die eine Form ergeben:

1. Entlehnte Formen, die bereits existierende Formen sind, die man von überallher übernehmen kann. So bin ich mit den Landschaftselementen vorgegangen. Die Formen existieren eigentlich nicht als gebrauchsfertige Elemente, haben sich jedoch ergeben, während ich sie aufzeichnete, genau wie bei meiner Vorgehensweise für *Trail House*, oder wie beim Zeichnen der Höhenzüge der Landschaft in *Museum Fort Vechten*. Diese Formen sind übernommene Formen.

2. Konstruierte Formen, die von mir geschaffen wurden: zum Beispiel eine Tintenkleckszeichnung oder Zeichnungen mit einer von mir vorgegebenem Auflage (zum Beispiel mit der Auflage, dass sie nur Bögen und gerade Linien enthalten dürfen). Wenn ich beginne, die Formen direkt entsprechend den Erfordernissen des Projekts zu zeichnen, dann funktioniert das nicht. Es muss dieser Aspekt von Zufall und Bedingung bei der Arbeit gegeben sein, anderenfalls wird der Entwurf zu direkt und beginnt, sich allzu sehr anzupassen.

3. Materielle Gesten, bei denen sich die Zeichnung direkt vom Material selbst ableitet. Ich bezeichne das noch als Zeichnung, weil ich glaube, dass das eine Art des Zeichnens ist. Betonieren zum Beispiel kann als Zeichnen benannt werden.

Das Zeichnen ist die Grundlage der Architektur: Formen zu finden, mit denen man beginnen kann, Architektur zu schaffen. Ich habe mich selbst nie als Zeichner betrachtet, da ich überhaupt nicht skizziere.

Ich habe immer darüber nachgedacht, worum es sich bei meinem Werk handelt, wie man etwas macht, das Material und das Modell. Doch die eigentliche, grundlegende Basis ist das Zeichnen.

Wir würden gern noch weiter in die Bedeutung der Geste eindringen, insbesondere was Ihre eigene Herangehensweise anbelangt. Könnten wir sagen, dass der Anfang Ihres Arbeitsprozesses eine Geste ist, die eine Logik besitzt?

Bei dem Projekt für den Länderpavillon des Königreichs Bahrain auf der Mailänder Weltausstellung [Mailand (IT), 2014-2015; Anm. d. Verf.] ist die Schichtung des Entwurfs wirklich sichtbar. Die Gesten der Zeichnung sind ein Mittel, um Form sichtbar zu machen. Es ist klar, dass in der Geste eine nicht logische Herangehensweise liegt, mit der ich versuche, mühelos nach einer Architektur zu streben, doch es gibt etwas, das Kriterien bietet, warum eine Zeichnung funktioniert oder auch nicht.

Als ich zum Beispiel mit der Planung des Länderpavillons begann, bat ich all meine Mitarbeiter, das rechteckige Grundstück nur mit Bögen und geraden Linien zu füllen. Und nachdem wir damit begonnen hatten, fanden wir Mittel und Wege, dem zu entsprechen, doch die Zeichnung sah zu homogen aus. Ich habe realisiert, dass ich nichts verknüpfen kann, was ich bereits kenne, wie etwa Bögen und gerade Linien, um sie dann zu verwenden, um ein neues Bauwerk zu schaffen, weil das allzu offensichtlich würde.

Deshalb verwendeten wir im finalen Entwurf eine Kombination von vier Zeichnungen, die zusammengefügt und zusammengeklebt waren, wodurch der Gesamtentwurf eine Komplexität erhielt, die man selbst nicht direkt zeichnen konnte. Diese Komplexität brachte Unregelmässigkeiten mit sich, es gibt kein System und keine Logik, sondern vielmehr Widersprüche, die als Fragmente wirken. Wenn man das Gebäude betritt, fühlt es sich nicht gänzlich als Einheit an, es gibt eine gemeinsame Atmosphäre und Materialität, doch gleichzeitig hat man eine Vielzahl von Eindrücken. Deshalb ist es auch schwierig, es auf ein Foto zu bannen, weil man kaum ein vollständiges Porträt des Gebäudes erhalten kann, wenn man nur ein Fragment einer weitreichenden Serie betrachtet.

Ich mache Dinge gern durch Intuition, und dann erfasse ich sie, erprobe sie und entwickele sie. Die Formen, mit denen ich begonnen habe, wie etwa die Tintenkleckse, sind nicht mit einer Idee im Kopf entstanden, sondern haben sich ergeben, indem die nächsten Schritte zur Entwicklung einer Architektur festgelegt wurden.

Sie versuchen nicht, es vollständig zu kontrollieren...

Ja, man braucht ein relativ neues Element, das ich auch noch nicht kenne, und wenn ich direkt zeichnen würde, was ich will, dann würde mir dieser Aspekt abhandenkommen. Ich glaube, das ist von entscheidender Bedeutung. Findet man einmal die richtige Handlungsweise, dann wird die Arbeit leichter, doch der Prozess zur Untersuchung der Handlungsweise und zur wirklichen Präzisierung der Dinge ist beschwerlich. Das ist etwas, das bei meiner Arbeit häufig missverstanden wird, als würde ich einfach diese Geste ausführen und dann wäre die Arbeit erledigt. Doch das ist nicht die Wirklichkeit.

Die Geste macht vielleicht 5 Prozent des gesamten Werks aus. Nichtsdestotrotz ist die Schaffung dieser Restriktion für mich wirklich wichtig. Ich möchte das nicht als ein Konzept sehen, sondern als das Entwickeln einer Auflage, bei der es nur um die Form geht. Ein Gebäude so zu errichten, bedeutet, auf die logischste Weise eine Form zu schaffen, ohne Schichten oder Materialien hinzuzufügen. Das ist der Grund, warum meine Bauwerke sehr schlicht in ihrem Materialverständnis sind, ja beinahe aus einem Material oder aus einer Farbe bestehen.

So dient also nicht ein Konzept oder eine Beschränkung als Ausgangspunkt, sondern es ist etwas Irrationales. Doch der Prozess selbst ist dann rational?

Ja, in gewisser Weise ist das richtig. Ich will mit etwas arbeiten, von dem ich mir nicht sicher bin, wohin es mich und was es mir bringen könnte. Der Entwurf ist wirklich ein Prozess, bei dem ich etwas zu machen beginne, das noch mit nichts im Zusammenhang steht. Das ist der nicht-architektonische Teil, der sehr wichtig für mich ist.

Eine ganz vordergründige Interpretation Ihrer Arbeit und folglich auch von Ihnen wäre, dass Sie eher ein Künstler sind als ein Architekt, da Sie sagten, dass häufig nur 5 Prozent als das Ganze wahrgenommen werden. Wir möchten Sie also fragen, wie Sie argumentieren, dass Sie kein Künstler sind.

Zu Beginn war das sogar in meinem Kopf kompliziert. Ich habe bewusst zu denken begonnen, ich sei ein Künstler. Ich sprach auch mit einem Künstler, für den ich arbeitete, und sagte, vielleicht würde ich ein Künstler werden. Er antwortete: «Sie müssen erkennen, dass, wenn Sie ein Künstler sind, niemand etwas von Ihnen erbittet.» Das machte es ganz einfach sehr deutlich für mich, dass ein Architekt gebeten wird, etwas zu tun, worum man als Künstler nicht gebeten wird. Das kommt dann aus einem selbst heraus. Doch ich begriff das als eine Arbeitsmethode oder Arbeitsweise: Als Künstler beginnt man einfach, etwas zu tun, und das ist das, was ich mache. Ich arbeite auch an Dingen, die nicht in Auftrag gegeben wurden. Dann besteht sozusagen die Gelegenheit einer Ausstellung oder eines Projekts, das mir die Chance gibt, mit der Arbeit an etwas zu beginnen. Die Arbeiten, die ich auf eigene Faust in Angriff nehme, könnten zu etwas führen, manchmal tun sie es, und manchmal stehen sie einfach eine Zeit lang still und ich greife sie später vielleicht wieder auf. Diese Arbeitsweise wurde durch meine ersten Werke angeregt, die ich für Kunstausstellungen machte: Projekte wie *Trail House* [Teil der Ausstellung *Unknown Territory*, Museum De Paviljoens, Almere (NL), 2009; Anm. d. Verf.] entstanden für eine Kunstausstellung, und dann sollten meine Architektenfreunde kommen und sagen: «Das ist keine Architektur, es gibt kein Glas.» Und meine Künstlerfreunde sollten sagen: «Das ist eigentlich Architektur.» (*lacht*) Doch meine Ausbildung habe ich immer noch in Architektur erhalten, und ich bin froh, dass ich darauf bestanden habe, als Architekt betrachtet zu werden. Es ist wesentlich interessanter, das auf diese Weise zu sehen, und nun kann ich klar sagen, dass ich ein Architekt bin.

Könnten Sie deshalb erklären, inwiefern Ihr Arbeitsprozess von der Welt der Kunst beeinflusst ist?

Viel von meiner Arbeitsweise kommt von der Kunst. Die Chance zu nutzen, um etwas zu produzieren, als kreatives Element, ist eine Haltung, die von der Kunst kommt: Jean Arp oder John Cage, um zwei Beispiele anzuführen. Ellsworth Kelly zum Beispiel

würde Zeichnungen anfertigen, und dann würde er sie in Vierecke schneiden und sie zufällig wieder zusammensetzen. Das finale Werk würde aus all diesen Fragmenten der Zeichnung bestehen. Es gibt auch ein gutes Buch von Umberto Eco mit dem Titel *Opera Aperta*, das von Künstlern handelt und davon, dass zum Beispiel ein Komponist ein Skript schreiben, es jedoch nicht im klassischen Sinne festlegen würde und der Ausführende es dann interpretieren müsste.
Auf diese Weise entsteht das Werk jedes Mal bei seiner Aufführung neu. Ein anderes Beispiel ist Robert Morris, der dicke Filzarbeiten gemacht hat, und jedes Mal, wenn man sie präsentiert, müssen diese entsprechend dem Raum anders gehängt oder gefaltet werden. Die Skulptur ist nicht feststehend, sondern basiert darauf, dass sie aus einem weichen Material besteht und wegen dessen Dicke robust ist.
Hinter all dem steht der Glaube, dass ich das Werk interpretiere, doch auch ein wahrnehmender Betrachter kann es interpretieren. Ich übernehme aus der Welt der Kunst die Herstellungsweise sowie die Idee, dass Dinge nicht feststehend und offen für Interpretation sind. Die Dinge sind nicht so klar, wie sie erscheinen: In der Realität gibt es immer unterschiedliche Auffassungen davon. So arbeite ich in der Architektur, und so betrachte ich die Welt, vor allem jetzt, da ich in Bahrain lebe und arbeite. Diese Arbeitsweise öffnet meinen Blick auf die Dinge, und ich kann sie von einer anderen Warte aus betrachten.

Denken Sie, dass Ihre anfängliche "Offenheit" auch dann erhalten bleibt, wenn Sie tiefer in das Projekt vordringen?

Sie sollte zumindest zu Anfang da sein, um die Regeln für das Projekt festzulegen. Auf der grundlegenden, elementaren Ebene gibt es immer diesen Teil, den man nicht erklären kann, und genau das macht es interessant und sorgt für die nötige Offenheit. Man kann es als willkürliches Werk verstehen, und das ist der Teil, der meiner Meinung nach am schwierigsten zu erklären ist. Das einfache Verständnis des Werks besteht darin, dass wir nur eine aussergewöhnliche Form erfinden und erbauen, und das wäre willkürlich. Doch trotzdem sollte alles einen gewissen Grad an Konsistenz aufweisen, die meines Erachtens eher darin besteht, wie das Werk funktioniert und wie man es macht. Es geht nicht darum, alles komplett logisch zu gestalten, sondern es bedarf nur einer gewissen Logik, auch weil es sich in einen Plan und gewisse Zwänge einfügen muss.

Wie suchen Sie nach einer gemeinsamen Grundlage, um zu interpretieren, was Sie tun? Wie neutral sind Sie dem Werk gegenüber, das Sie produzieren? Nehmen Sie irgendetwas als Basis für das Verständnis der Leute?

Über die Arbeit *Batara* [*Batara*, Pavillon für eine Baumschule, Wageningen (NL), 2013; Anm. d. Verf.] zum Beispiel habe ich immer gesagt, dass sie für mich von Petra ableitet, und das ist meine Auffassung, doch ich erkläre das nicht mit dem Werk daneben. Es ist wirklich das, was es ist. *Batara* wurde als Pavillon gebaut, und dann habe ich ihn fotografiert, und ich hörte zufällig, wie Leute viel darüber sprachen, sie versuchten zu verstehen, was es ist... und ich finde das ziemlich schön.

Das bedeutet, dass Sie nichts tun, um ihnen einen Anhaltspunkt für ihr Verständnis zu geben?

Ja, ich mache nichts, wenngleich mitunter etwas darin beinhaltet ist. Der Länderpavillon ist letzten Endes ein Innengarten, es ist eine Erfahrung, die die Menschen vielleicht schon kennen könnten. Ich spazierte mit der Kulturministerin von Bahrain durch den Pavillon, und sie sagte, sie empfinde eine Atmosphäre, die sie an Bahrain erinnere und in ihr Erinnerungen heraufbeschwöre, dass sie das jedoch niemals zuvor so gesehen habe. Das war das schönste Feedback.
Das Problem, das ich mit einigen Architekten habe, ist, dass sie nicht nostalgisch sein können. Sie beziehen sich auf etwas in der Vergangenheit, das sie gesehen haben und das sie bewundern, doch sie lösen sich nie davon. Meines Erachtens ist es kompliziert, der Bezugnahme zu entgehen und in der Lage zu sein, etwas Neues zu machen, was es zuvor noch nicht gab. Die Verwendung von Referenzen kann häufig in nostalgischer Assoziation steckenbleiben.
Um etwas zu schaffen, was selbstständig funktioniert und nicht bei der reinen Bezugnahme bleibt. Die Methode zur Schaffung von etwas Neuem ist für mich die Zeichnung. Ich suchte nicht nach den besten Innengärten in der Geschichte, damit ich von diesen beeinflusst würde, anderenfalls hätte ich zu sehr daran geklebt.

Wenn Sie sich auf Architektur beziehen, dann scheint es von der antiken Architekturwelt zu kommen (Petra, Barbar-Tempel, die Bilder, die Sie zu dem Buch *The Images of the Architects* von Valerio Olgiati beigesteuert haben). Warum beziehen Sie sich lieber auf diese der Vergangenheit angehörende Architektur und niemals auf die zeitgenössischen oder modernen Beispiele?

Ich betrachte die zeitgenössische Architektur, doch das ist absolut nicht der Beginn eines Projekts. In der ersten Hälfte meines Architekturstudiums machte ich Entwürfe, die denen eines zeitgenössischen Architekten ähnlich sahen. So lernt jeder, doch das Problem besteht darin, wie man dem entkommen kann, was man studiert hat: Man will so gut werden wie jeder andere, man versucht, dem zu entgehen, und das aus seinem Kopf zu verbannen. Der einzige Weg ist der, dass man etwas auf den Tisch bringt oder sich mit etwas auseinandersetzt, das von einem selbst kommt, und man etwas davon gut findet. Ich fühle selbst, dass ein Entwurf nicht gut genug ist, wenn er zu sehr wie etwas aussieht, was ich kenne. Wenn mir die Arbeit Unbehagen bereitet, weil ich sie noch nicht kenne, dann könnte sie gut sein und muss getestet werden. Wenn ich etwas zeichne, was ich bereits brauche, ist das zu direkt und 1:1 allzu sehr auf etwas «zugeschnitten».

Wir würden sagen, dass Sie bei der *tabula rasa* beginnen...

Ich versuche, meine eigene Arbeit zu machen und nach meiner eigenen Sprache zu suchen, in der ich schreiben kann.
Meine Arbeit hat mehr mit Komposition zu tun, ich mache nur Zeichnungen zur Komposition, und wenn ich eine räumliche Arbeit mache, dann betrachte ich deren kompositionellen Aspekt. Ich finde die repräsentative Architektur am langweiligsten und die Postmoderne ist für mich die am wenigsten interessante Bewegung. Ich interessiere mich für die Schaffung von Dingen, die gesehen werden und nicht repräsentieren sollen.

Doch wenn Sie das nicht vermitteln, wie gehen Sie dann mit der Lehre um?

Ich lehre eine Arbeitsweise. Ich versuche nicht, eine Methode zu lehren, und versuche, die Studenten ohne Beziehung zu einem Endergebnis Schritt für Schritt dahin zu bringen, bei einem Material zu bleiben, mit dem sie sich beschäftigen. Man schränkt sich ein, man erlegt sich selbst Zwänge auf. Jeder will das beste und ideale Material, doch ich denke, der beste Entwurf entsteht, wenn man etwas auf eine sehr konsequente, logische und hervorragende Weise entwickeln kann und dieser aus vielen Fragestellungen und getroffenen Entscheidungen heraus entsteht und nicht nur aufgrund der ersten Wahl des Materials. Ich bringe die Studenten zu Produktionsorten, damit sie verstehen, wie die Dinge gemacht werden und was das Material beinhaltet. Mit diesem Wissen, wenn man den Dingen so stark auf den Grund geht, kann man dann bereits darüber nachdenken, was man mit ihnen machen kann, und nicht einfach mitten im Prozess anfangen und es dann nur auf etwas anwenden. Heute haben wir überall um uns herum Bezugnahmen und Informationen. Etwas geschieht, und man weiss es sofor – was es schwieriger macht, denn alles, was man zu tun beginnt, vergleicht man mit dem, was man kennt, was man sehen und finden kann. Deshalb versuche ich, den Studenten beizubringen, ihren eigenen Raum innerhalb eines Produktionsraumes zu finden, wo es nur unbearbeitetes Material gibt, und sie dann direkt mit dem Material und direkt in einem Massstab arbeiten zu lassen. Da sie sich Wissen aneignen und untersuchen und zu verstehen suchen, wie man Dinge macht, werden sie zu Experten und dadurch entwickeln sie ein Projekt. Ich versuche, sie mit der Realität, mit den

Konsequenzen der Dinge und ihres Massstabs zu konfrontieren, und sie dahin zu bringen, dass sie selbst etwas daraus errichten.
Ich finde es interessant, dass man sich zu etwas Wissen aneignet und dass das über ein Material sein kann, aber auch eine interessante Art der Herangehensweise.
Dann muss man natürlich viel tun und eine Menge Erfahrung sammeln. Ich habe zehn Jahre lang studiert und fünf Jahre lang als Assistent eines Künstlers gearbeitet, bevor ich mit meiner eigenen Arbeit begann.

Ist es dann der Entwurf, der dem Material Form verleiht oder umgekehrt? Wo liegt das Gleichgewicht?

Ich kann nicht sagen, was zuerst kommt. Es besteht ein solch enger Zusammenhang zwischen beidem, dass das eine die Folge des anderen wird. Es gibt also eine Form, doch zur gleichen Zeit gibt es auch eine Idee oder ein Interesse, Dinge und Räume zu schaffen, die nicht von einer Zeichnung ausgehen. Es herrscht also eine Wechselbeziehung, bei der jedes Element die Konsequenz des anderen ist.

Wir haben festgestellt, dass es bei der Mehrzahl Ihrer Projekte ein vorherrschendes Material gibt, mitunter ist es sogar das einzige Material, das für die Schaffung des Raumes verwendet wird. Ist das eine bewusste Entscheidung, machen Sie das, um eine stärkere Einheitlichkeit zu erzielen?

Diese geringe Zahl verschiedener Materialien erklärt sich daraus, dass das gesamte Projekt abstrakt bleibt, wie ein Modell. Was ich an Modellen wunderbar finde, ist, dass sie verschiedene Interpretationen zulassen. In der Abstraktion öffnet es sich, und man kann kein Bild oder keine Assoziationen umgehen, die sich durch all die Materialien ergeben, die man sieht, und das Material trägt nicht zum Verständnis bei. Es geht mehr um den Raum und seine Form, seine Proportionen und Verhältnisse, die offenkundiger werden. Das Material hat dann nur die Aufgabe, die Erfahrung einer bestimmten Atmosphäre und Wahrnehmung zu vermitteln, wie man die Form betrachtet.

Betrachtet man Modelle als Hilfsmittel, wie beeinflussen sie dann die Entwicklung eines Entwurfs? Sind sie Instrumente für die Vorstellung oder blosse Darstellung eines Gebäudes? Welche Qualität vermitteln sie? Tauchen neue Ideen bei der Herstellung des Modells auf? Setzen Sie diese ein, um neue Möglichkeiten zu eröffnen oder sie im Gegenteil einzugrenzen?

Meine Arbeit bewegt sich zwischen Modellen, temporären Räumen und Gebäuden. Wenn ich an etwas arbeite, kenne ich bereits die Art von Ergebnis, das ich erzielen will, sowie das reale Erscheinungsbild des Bauwerks, wenn es in ein Modell oder ein Gebäude mündet. Wenn ich Modelle für ein Gebäude mache, das realisiert werden soll, dann betrachte ich das Modell nicht als Werk an sich, ich suche vielmehr nach der Essenz dessen, was ich für das Bauwerk brauche, und das ist das Arbeitsinstrument. Mithilfe der Modelle versuche ich, den Entwurf zu kontrollieren und zu testen. Mithilfe der Zeichnung kann man sich Dinge vorstellen, doch das Modell zeigt sie und eröffnet Möglichkeiten. Nur durch die Herstellung des Modells wird der Entwurf sichtbar. Es geht jeder Zeichnung voraus und dadurch kommt es zu Erkenntnissen. Andererseits habe ich eine Menge Kunstausstellungen gemacht, bei denen ich wusste, dass das Modell das finale Werk ist. Diese Modelle sind als finale Modelle gedacht und nicht als Modelle eines Gebäudes. Ich baue das Modell, als würde ich ein Gebäude errichten, und das gibt mir die Freiheit, die Experimente weiter voranzutreiben.

Anne Holtrop lebt und arbeitet als Architekt in Muharraq und Amsterdam.

Studio Anne Holtrop

Construction phases of Batara Project

Niederlande, 2013

1 Studio Anne Holtrop
Inkblot
2010

2 Studio Anne Holtrop
Tower in Almelo (NL)
[Foto Bas Princen]
2009

3-4 Studio Anne Holtrop (in Zusammenarbeit mit Bas Princen)
Batara (Model)
Ausgestellt bei Leth & Gori, Kopenhagen (DK)
2012

5-6 Studio Anne Holtrop
Batara Pavilion
Wageningen, 2013
[Fotos Bas Princen]

7 Studio Anne Holtrop
National Pavilion of the Kingdom of Barhain
EXPO Mailand, 2015

8,11 Studio Anne Holtrop
National Pavilion of the Kingdom of Barhain
EXPO Mailand, 2015
[Fotos Bas Princen]

9-10 Studio Anne Holtrop
National Pavilion of the Kingdom of Barhain
EXPO Mailand, 2015
[Foto Studio Anne Holtrop]

INHALT

TEXTNACHWEIS

Office KGDVS, Kersten Geers
Interview: Stephan Lando, Andrea Panzeri, Lorenzo Vicari
Kommunikation: Stephan Lando, Andrea Panzeri
Abschrift: Stephan Lando, Andrea Panzeri, Lorenzo Vicari
Lektorat: Stephan Lando, Marina Montresor
Sprachedition: Paol Kemp, Stephan Lando, Philip Poon

Made In, François Charbonnet
Interview: Stephan Lando, Marina Montresor, Lorenzo Vicari
Kommunikation: Marina Montresor
Abschrift: Riccardo Amarri, Lorenzo Giovannoni, Lorenzo Vicari
Lektorat: François Charbonnet, Marina Montresor
Sprachedition: François Charbonnet, Marina Montresor

Ila Bêka & Louise Lemoine
Interview: Stephan Lando, Marina Montresor
Kommunikation: Stephan Lando, Marina Montresor
Abschrift: Stephan Lando, Marina Montresor
Lektorat: Marina Montresor
Übersetzung: Soget-est, Chiara Montgomerie
Sprachedition: Soget-est

Junya Ishigami
Interview: Stephan Lando, Marina Montresor
Kommunikation: Stephan Lando, Matteo Mastri
Abschrift: Sakura Aoba, Chie Okumura
Lektorat: Stephan Lando, Marina Montresor
Übersetzung: Sakura Aoba, Chie Okumura
Sprachedition: Marina Montresor, Philip Poon, Soget-est

DOGMA, Piervittorio Aureli & Martino Tattara
Interview: Kornel Lewicki, Lorenzo Vicari
Kommunikation: Kornel Lewicki, Lorenzo Vicari
Abschrift: Kornel Lewicki, Lorenzo Vicari
Lektorat: DOGMA
Sprachedition: DOGMA

Philipp Schaerer
Interview: Stephan Lando, Marina Montresor
Kommunikation: Marina Montresor
Abschrift: Kornel Lewicki
Lektorat: Stephan Lando, Marina Montresor, Philipp Schaerer
Sprachedition: Marina Montresor

Go Hasegawa
Interview: Sofia Albrigo, Stephan Lando
Kommunikation: Sofia Albrigo, Stephan Lando
Abschrift: Marina Montresor
Lektorat: Stephan Lando, Marina Montresor
Sprachedition: Stephan Lando, Marina Montresor, Philip Poon

Bas Princen
Interview: Sofia Albrigo, Stephan Lando, Matteo Mastri, Marina Montresor
Kommunikation: Marina Montresor
Abschrift: Sofia Albrigo, Stephan Lando, Matteo Mastri
Lektorat: Stephan Lando, Marina Montresor
Sprachedition: Paol Kemp, Stephan Lando, Marina Montresor

Yuri Ancarani
Interview: Stephan Lando
Kommunikation: Stephan Lando, Marina Montresor
Abschrift: Stephan Lando
Lektorat: Stephan Lando, Marina Montresor
Übersetzung: Soget-est
Sprachedition: Stephan Lando, Marina Montresor

Anne Holtrop
Interview: Stephan Lando, Matteo Mastri, Marina Montresor, Andrea Panzeri
Kommunikation: Stephan Lando
Abschrift: Stephan Lando, Marina Montresor
Lektorat: Stephan Lando, Marina Montresor
Sprachedition: Paol Kemp, Stephan Lando, Marina Montresor, Philip Poon

BILDNACHWEIS

Office KGDVS, Kersten Geers
© OFFICE Kersten Geers David Van Severen, mit freundlicher Genehmigung der Architekten
1-4 © OFFICE Kersten Geers David Van Severen, mit freundlicher Genehmigung der Architekten
5-8 © Bas Princen, mit freundlicher Genehmigung des Künstlers

Made In, François Charbonnet
© 1873, Friedrich Nietzsche
1-4 © 2016, François Charbonnet

Ila Bêka & Louise Lemoine
© Ila Bêka & Louise Lemoine, mit freundlicher Genehmigung des Künstlers
1-3 © Ila Bêka & Louise Lemoine, mit freundlicher Genehmigung des Künstlers

Junya Ishigami
© Junya Ishigami Associates, mit freundlicher Genehmigung der Architekten
1-5 © Junya Ishigami Associates, mit freundlicher Genehmigung der Architekten

DOGMA, Piervittorio Aureli & Martino Tattara
© 1926, Hannes Meyer
1-15 © DOGMA, mit freundlicher Genehmigung der Architekten

Philipp Schaerer
© 2018, Pro Litteris, Zürich
1-23 © Philipp Schaerer, mit freundlicher Genehmigung des Künstlers

Go Hasegawa
© Go Hasegawa Associates, mit freundlicher Genehmigung des Architekten
1-2 © Go Hasegawa Associates, mit freundlicher Genehmigung des Architekten
3-6 © Go Hasegawa Associates, fotos bei Takaya Sakano, mit freundlicher Genehmigung des Architekten

Bas Princen
© Bas Princen, mit freundlicher Genehmigung des Künstlers
1-10 © Bas Princen, mit freundlicher Genehmigung des Künstlers

Yuri Ancarani
© Unknown
1-40 © Yuri Ancarani, mit freundlicher Genehmigung des Künstlers

Anne Holtrop
© Studio Anne Holtrop, mit freundlicher Genehmigung der Architekten
1 © Studio Anne Holtrop, mit freundlicher Genehmigung der Architekten
2-8, 11 © Bas Princen, mit freundlicher Genehmigung des Künstlers
9-10 © Studio Anne Holtrop, mit freundlicher Genehmigung der Architekten

Die Herausgeber bedanken sich für die wertvolle Unterstützung bei: Accademia di architettura – Università della Svizzera italiana, Sakura Aoba, Tao Baerlocher, Matthew Bailey, Impresa Barella SA, Jakob Becker, Angele Bianconi, Steven Bosmans, Michele F. Ciocco, Claudio Consolo, Elena Consolo, Edilsider S.P.A., Fondamenta, Rosanna Guidi, Paol Kemp, Francesca Mirone, Chiara Montgomerie, Chie Okumura, Philip Poon, Fabio Rezzonico & Co, Federico Rossi, Wataru Shinji, Studio Vlora, Linus Wirz, Lily Zhang

Defining Criteria

Herausgeber: Marina Montresor, Stephan Lando (Mailand)

Konzept: Marina Montresor, Stephan Lando

Projektleitung, Quart Verlag: Linus Wirz

Mitwirkende: Sofia Albrigo, Riccardo Amarri, Lorenzo Giovannoni, Kornel Lewicki, Matteo Mastri, Andrea Panzeri, Lorenzo Vicari

Interviews und Vorwort: Marina Montresor, Stephan Lando

Übersetzung aus dem Englischen: Eva Dewes, Saarbrücken

Grafische Gestaltung: Marina Montresor, Stephan Lando

Schriften: HK Grotesk, Florencesans

Druck: Printer Trento S.R.L., Trento, Italien

ISBN 978-3-03761-172-2

Ebenfalls publiziert in Englisch / This book is also published in English (ISBN 978-3-03761-173-9)

Quart Verlag
Denkmalstrasse 2, CH-6006 Luzern
www.quart.ch